-COORDINADOR-

Dr. Agustín Ernesto Martínez González
Profesor asociado de la Universidad de Alicante. Departamento de Psicología
Evolutiva y Didáctica, Alicante. España.

Manual
Casos Clínicos
en Neuropsicología

Publicaciones

kindle | direct publishing

ediciones
fORMATENDE

España 2018

Diseño de cubierta: Aten-D

Agustín Ernesto Martínez González (Coordinador)

Copyright © 2018: Formatende, s.l.
Avd. Petrer, 169. CP: 03420, Castalla (Alicante). España.
ISBN: 9781976965791
Sello: Independently published

Relación de autores

Agustín Ernesto Martínez-González
Universidad de Alicante.
Departamento de Psicología Evolutiva y Didáctica.

José Antonio Piqueras Rodríguez
Universidad Miguel Hernández de Elche.
Departamento de psicología de la Salud.

Amaya Nagore Casas
Instituto de Medicina Legal y Ciencias Forenses de
Segovia. Ministerio de Justicia

Mélanie Bourgeois Gutiérrez de la Torre
Neuropsicóloga, práctica privada.

Sandra Rodríguez Chinea
Neuropsicóloga.

Beatriz Sánchez Leganés
Neuropsicóloga.

Ana Jiménez Escribano
Neuropsicóloga.

Nieves Martín García
Neuropsicóloga.

Miriam Sánchez Romero
Neuropsicóloga.

Verónica García Fernández
Neuropsicóloga.

María López Gómez
Neuropsicóloga.

Índice

Presentación

A lo largo de estos últimos años hemos sido testigos del avance en neurociencia y en particular en la evaluación y tratamiento neuropsicológico de las enfermedades mentales. En el estudio de las enfermedades mentales a veces resulta complejo delimitar los síntomas para concretar un diagnóstico clínico. El presente manual de **Casos Clínicos en Neuropsicología** es producto del esfuerzo de alguno de los alumnos/as del *Máster de Neuropsicología Clínica* de ATEN-D para comprender desde un punto de vista neuropsicológico diferentes trastornos mentales y enfermedades neurodegenerativas.

Aunque la rehabilitación neuropsicológica es tan antigua como la psicología misma, podría decirse que es desde hace unos pocos años cuando se consolida la relevancia del neuropsicólogo/a como figura especializada de las funciones del psicólogo/a, sobre todo desde la última década del siglo pasado y lo que llevamos de éste.

Desde Aten-D, como entidad de formación con marcado carácter centrado en la "práctica", nos embarcamos en una nueva etapa en la que pretendemos difundir los trabajos realizados por algunos de nuestros/as alumnos/as para poder contribuir, con la información en ellos plasmada, en la formación neuropsicológica, siempre apoyados desde la evidencia científica que justifica el status alcanzado recientemente por la neuropsicología.

El libro que tiene en sus manos está dirigido preferentemente a alumnos en formación, aunque puede contribuir también en la formación del neuropsicólogo/a experimentado que se encuentra con casos nuevos para él/ella. Sin pretender que este "manual de casos" sirva para resolver cualquier problemática que se le presente al clínico, creemos no obstante que puede ser de gran ayuda para mejorar las condiciones de vida de los afectados por ellos tratados. Tanto el/la alumno/a en formación como el/la profesional en ejercicio de su profesión suele tender al uso de tratamientos protocolizados, cuando la realidad clínica muestra que la diversidad humana en cuanto a personalidad y manifestaciones clínicas de un déficit neurológico hacen patente el conocimiento de cómo otros profesionales han abordado una determinada problemática concreta, para así enriquecer continuadamente su propia formación.

La escasez de recursos de estas características nos ha motivado en esta obra para llenar una laguna importante en el panorama bibliográfico sobre valoración e intervención neuropsicológica. Tan importante es aprender a implementar el tratamiento más eficaz como el porqué de su uso en un caso concreto. Así, en cada caso, se presenta la evaluación más adecuada y qué proceso de rehabilitación es el más adecuado. Esperamos, al menos ese es nuestro deseo, de que sea de gran utilidad tanto para el alumnado, como para el profesional que se inicia en la práctica y ¿cómo no?, para el clínico experimentado.

Dr. Victoriano Ramos

Aten-D

Elaboración del informe neuropsicológico 1

Agustín Ernesto Martínez-González

1. Introducción

En el proceso de elaboración de un informe neuropsicológico el marco teórico y científico es necesario para poder justificar los resultados de una evaluación a un niño con sospechas de déficits cognitivos.

A lo largo de esta última década grandes investigadores y teóricos de la psicología han ido construyendo las bases de nuestro conocimiento. Desde los hitos del desarrollo propuestos por Piaget, las bases iniciales de la neuropsicología de Luria hasta la psicología conductual de la educación de Thorndike. Sin embargo, las teorías actuales se han centrado en cómo es nuestro cerebro, recientemente la teoría de las inteligencias múltiples [1] y la teoría de la mente [2] han contribuido para que el neuropsicólogo y los educadores tengan una visión más integradora en el análisis del proceso de aprendizaje del niño. Concretamente, en la teoría de la mente toma un papel relevante las denominadas funciones ejecutivas entendidas como el conjunto de habilidades cognitivas que implica la memoria de trabajo, planificación, flexibilidad, empatía emocional, monitorización e inhibición de conductas [3, 4].

En los últimos diez años ha habido un aumento de los estudios de validación psicométrica de escalas neuropsicológicas en población infantil y adolescentes [5,6], así como de los hallazgos en neuroimagen [3, 4].

El conocimiento neurocientífico esta trasladándose a otras disciplinas que participan en el desarrollo cerebral. La capacidad del cerebro para aprender es uno de los pilares fundamentales que apoyan el nexo entre la educación y la neurociencia, como consecuencia surge la neurociencia educacional o neuroeducación [7]. La neuroeducación o neurociencia educacional es un campo científico interdisciplinar que estudia la interacción entre los procesos neuronales, psicológicos y la educación con el fin de mejorar el proceso de enseñanza y aprendizaje en el estudiante [8]. En los últimos años se ha señalado que el sistema educativo debería priorizar en el desarrollo de las funciones ejecutivas de los alumnos [9] e integrar los hallazgos neurocientíficos en el contexto escolar [10].

La realización de informes neuropsicológicos en el campo de la atención temprana y la educación especial, entre otros, es una contribución importante para el seguimiento cognitivo del niño con déficits neuropsicológicos. El presente módulo tiene el objeto de facilitar un modelo integrador en la evaluación neuropsicológica y proporcionar estrategias al alumno para la correcta realización de informes neuropsicológicos.

2. Diagnóstico neuropsicológico

Los manuales diagnósticos de referencia para el neuropsicológo serán la *Codificación en neurología pediátrica basada en la Clasificación Internacional de enfermedades, 9ª revisión* [11] y la *Diagnostic and statistical manual of mental disorders* o DSM-5 [12]. Todo caso debe tener un diagnóstico codificado según alguno de estos manuales.
La nueva versión del DSM incorpora cambios sustanciales en algunas categorías diagnósticas:

- Discapacidad intelectual

- Trastornos de la comunicación

- Espectro autista

- Trastorno de déficit atención e hiperactividad

- Trastorno especifico del aprendizaje

- Trastorno del neurodesarrollo motor

El psicólogo es una pieza fundamental en el diagnóstico de la discapacidad intelectual, ya que esta se determina por medio de escalas de nivel de apoyo y desarrollo cognitivo o intelectual. Del mismo modo, los test neuropsicológicos son una herramienta de gran utilidad para el diagnóstico del déficit de atención e impulsividad tanto en el trastorno de déficit de atención e hiperactividad como en los niños con síntomas autistas.

Aunque la mayoría de los casos habitualmente serán diagnosticados por neuropediatría, neurología y psiquiatría infantil, la evaluación neuropsicológica sea una parte importante para definir el diagnóstico. En este sentido, el servicio de neuropediatría suele derivar al servicio de atención temprana de la localidad, para que se valore el neurodesarrollo del niño y se decida el tratamiento más adecuado. Así, el psicólogo puede realizar la evaluación del neurodesarrollo en los niños con sospechas de problemas de maduración cognitiva.

3. Características de los informes y modelo de informe neuropsicológico

En la elección del tipo de informe cabe señalar que el informe podrá ser diferente en su contenido dependiendo del centro o institución, motivo del informe o a quien va remitido. Principalmente, el psicólogo está obligado a realizar informes en el ámbito educativo, este tipo de informes se denomina psicopedagógicos. En el ámbito clínico los informes psicológicos son normalmente demandados por otros profesionales (p.ej.: jueces, médicos, técnicos de la valoración de minusvalía, etc.) o incluso por la familia o paciente para un determinado motivo (p.ej.: solicitud de minusvalía, seguimiento del desarrollo en atención temprana, seguimiento psicológico o emocional, perito de parte, perito adscrito al turno de oficio de peritaje psicológico por demanda del juez, etc.). Sin embargo, a diferencia del informe psicopedagógico y el psicológico el informe neuropsicológico tiene unas características más integradoras. Como puede observarse en la Tabla 1 el informe neuropsicológico cuida señalar los datos en neuroimagen, utilizar tanto test neuropsicológicos como test psicológico (p.ej.: test de emociones, personalidad, autonomía personal, etc.). Además, trata de relacionar los datos en neuroimagen con los resultados de la valoración neuropsicológica y se centra en una perspectiva integradora entre los procesos neuropsicológicos (atención, la memoria y función ejecutiva) y la conducta y las emociones.

Existen diferentes modelos de informe neuropsicológico a continuación le presentamos un modelo de informe neuropsicológico completo (véase cuadro 1).

Cuadro 1. *Informe neuropsicológico completo (tomado de Martínez-González A.E)*

Efectuado por ………………, colegiado en Colegio oficial de Psicólogos de …, con número……………, que presta sus servicios en calidad de psicólogo en …………...

DATOS DE IDENTIFICACION

- **Nombre y Apellidos:** JG
- **Edad:** años
- **Dirección:**
- **Población:**
- **Teléfono:**
- **Fecha de la Evaluación:**

MOTIVO DE CONSULTA
ANAMNESIS

- Embarazo y parto
- Desarrollo psicomotor: Normalidad del desarrollo.
- Historial escolar:
- Antecedentes personales:
- Antecedentes y Datos familiares:
- Descripción del suceso o accidente:
- Historia farmacológica o medica:

EXPLORACIONES ANTERIORES
EXPLORACIÓN ACTUAL
Alteración de la Conducta

Personalidad (si es posible)

Inteligencia (WISC-R, Leyter, etc.)

Valoración Neuropsicológica

Atención

Span atencional y concentración

Procesamiento de la información

Memoria

- *Memoria verbal (Corto y largo plazo)*

- *Memoria no verbal (corto y largo plazo).*

Razonamiento lógico y abstracto

Funciones Ejecutivas

Destrezas y habilidades motoras. Motricidad fina y gruesa.

Comunicación y lenguaje. Nivel expresivo y comprensión.

Hábitos de autonomía personal(datos Inventario para la planificación de servicios y programación individual, ICAP: datos del SIS para mayores del 16 años)

- *Alimentación:*

- *Vestido:*

- *Higiene personal:*

- *Autonomía personal. Desenvolvimiento en el entorno:*

SINTESIS DIAGNOSTICA

……….cumple con los siguientes diagnósticos según la *….DSM-5 o CIE*

ORIENTACIONES

PROXIMO CONTROL

………. a……. de ……….. de 20…

Fdo. ……………………….

Psicólogo/a

Nº Col :

Tabla 1. *Diferencias entre tipo de informes en la psicología* [13].

Epígrafes del Informe	Informe Psicopedagógico	Informe Psicológico	Informe Neuropsicológico
Datos personales	SI	SI	SI
Anamnesis	SI	SI	SI
Se detallan los resultados de neurología	NO	NO	SI
Medicación	?	SI	SI
Informes anteriores sobre minusvalía, etc.	SI	SI	SI
Test de inteligencia	SI	SI	SI
Test sobre estado emocional	SI	SI	SI
Test neuropsicológicos	NO	NO	SI
Test sobre nivel de autonomía	?	SI	SI
Test de lecto-escritura	SI	SI	SI
Impresión diagnostica: Relaciona los datos de neuroimagen con los neuropsicológicos	NO	NO	SI
Orientaciones: Se centran en una perspectiva integradora entre neuropsicológica (tipos de atención, memoria y función ejecutiva) y emoción-conducta	NO	NO	SI

4. Pre-aplicación de los test neuropsicológicos

Elementos fundamentales y materiales para la aplicación de la escala

- Sala tranquila, libre de distracciones.

- Mesa suficientemente amplia para dos personas.

- Superficie lisa para escribir.

- Dos lápices del nº 2 sin goma de borrar.

- Pluma o lápiz con borrador para el examinador.

- Cronómetro.

- Carpeta.

- Papel y material complementario de escritura.

5. Aplicación de los test neuropsicológicos

Bases para una relación positiva del examinador y examinando durante el proceso de evaluación neuropsicológica

- Informe eficazmente al examinado de las actividades del examen utilizando las instrucciones normalizadas que figuran en el Manual de aplicación y Puntuación del test.

- Comience estableciendo un buen clima.

- Interactúe de manera agradable con el examinando. No se muestre presuntuoso o "estirado".

- Mantenga el contacto visual. No esconda la cabeza tras el Manual.

- Haga una suave transición entre los tests. Diga algunas frases cortas.

- Evite pequeñas conversaciones durante uno de los test.

- Familiarícese de antemano con las instrucciones y los materiales del test.

- Formule de manera precisa las preguntas y las instrucciones. Sólo ocasionalmente es aceptable suavizar las frases.

- Sea discreto, sin causar distracciones, cuando utilice el cronómetro.

- Utilice abreviaturas cuando anote las contestaciones del examinando.

- Alabe y estimule el grado de esfuerzo del examinando.

- Procure no informar sobre si una determinada respuesta es o no correcta.

- De ánimos entre ítems, no cuando el sujeto esté tratando de encontrar la solución.

Modificación de los procedimientos normalizados

- Modificar los procedimientos normalizados para acomodarlos a las limitaciones del examinando puede invalidar las puntuaciones del test.

- La clave para decidir qué datos cuantitativos y cualitativos del test son interpretables es el juicio clínico.

- Si se hacen adaptaciones que afecten a los límites de tiempo en los tests de rapidez, se invalida el uso de los baremos.

- La traducción del test a otro idioma puede igualmente causar problemas en la interpretación de las puntuaciones.

Errores de tipo general habituales en la aplicación

- Olvidar que si el examinando obtiene una puntuación parcialmente correcta en el segundo ítem aplicado, debe seguirse la regla de retorno (incluso si la contestación al primero de los ítems fue correcta) en las escalas como el WISC.

- Olvidar que cuando se sigue la regla de retorno, debe continuarse la aplicación hasta obtener dos puntuaciones máximas (incluyendo las de los ítems previamente aplicados).

- Olvidarse de aplicar el número suficiente de ítems hasta que se cumpla el criterio de terminación.

6. Interpretación de los test

El informe neuropsicológico debe incluir la medida e interpretación de algún test de inteligencia. El enfoque del informe neuropsicológico será interpretar los datos de las escalas de inteligencia desde un punto de vista neuropsicológico. Posteriormente se deberá profundizar en la aplicación de test neuropsicológicos específicos con dependiendo de enfermedad o trastorno mental que tenga el paciente.

Test de inteligencia

En el mercado hay una gran cantidad de instrumentos para valorar la inteligencia. En la actualidad instrumentos para medir la inteligencia como las escalas *Wechsler de Inteligencia* (WISC para niños y WAIS para adultos) [14] y la escala Leiter [15] (Roid & Miller, 1996) pueden facilitar datos de relevancia a nivel neuropsicológico. Así, el neuropsicólogo puede interpretar los resultados de las subescalas desde un punto de vista neuropsicológico.

A continuación, indicamos las características de la escala WISC, WISC-IV y WAIS. Tomaremos como ejemplo explicativo de la interpretación de las escalas *Wechsler de Inteligencia* la versión WISC para niños.

Tabla 2. *Asociación de las subescalas del WAIS y áreas cerebrales*

CRISTALIZADA Verbal	Hemisferio izquierdo	FLUIDA Manipulativo	Hemisferio Derecho
Información	Lóbulo temporal	Matrices	
			Lóbulo frontal y parieto-occipital
Comprensión	Lóbulo frontal	Cubos	

Vocabulario		Rompecabezas	
Semejanzas		Claves	Lóbulo parieto-occipital
Aritmética	Lóbulo temporal y frontal	Historietas	Lóbulo fronto-temporal y parieto-occipital
Digitos		Figuras incompletas	Lóbulo occipital
Letra -número			

Posibles interpretaciones del índice de memoria de trabajo del WISC y WAIS verbal:

- Atención

- Concentración

- Ansiedad

- Habilidad secuencia

- Habilidad numérica

- Habilidad de planificación

- Memoria a corto plazo

- Proceso o planificación de la ejecución

- Visualización deficiente

Posibles interpretaciones del índice de velocidad de proceso del WISC y WAIS manipulativo:

- Velocidad de proceso

- Coordinación viso-motora

- Motivación

- Reflexividad

- Compulsividad

- Memoria visual

- Habilidad de planificación

Habilidad evaluada en las sub-escalas del WISC

En la interpretación de los resultados del test debe tomarse en consideración que cada sub-escala mide una habilidad concreta y que pueden valorarse una misma habilidad desde un punto de vista manipulativo o verbal, como es el caso de la compresión social que puede ser evaluada por medio de la sub-escala de compresión verbal y las historietas manipulativas (véase la tabla 2 y 3).

Tabla 3. *Habilidades que evalúa cada sub-escala del WISC-R*

Subescalas verbales	Habilidad evaluada	Subescalas manipulativas	Habilidad evaluada
Información	*Habilidad verbal, conocimientos*	Figuras Incompletas	*Integración perceptiva*
Semejanzas	*Razonamiento abstracto*	Historietas	*Razonamiento lógico, organización, comprensión social*
Aritmética	*Conocimiento matemático, concentración*	Cubos	*Visoconstrucción*
Vocabulario	*Habilidad verbal*	Rompecabezas	*Visoconstrucción*
Comprensión	*Comprensión de las normas sociales, razonamiento abstracto, habilidad*	Claves	*Atención, psicomotricidad*

verbal

Dígitos	*Atención* *y*	
	concentración	

Tabla 4. *Habilidades que evalúa cada sub-escala del WISC-IV*

Test:	Descripción:	Habilidad
Cubos (↓ block design)	A partir de unos modelos presentados visualmente en papel, el niño tiene que construir con varios cubos (con caras rojas, blancas y mixtas) una forma igual en un tiempo limitado.	*Visomotora.*
Semejanzas	La tarea del niño consiste en encontrar aquello que hace que dos palabras referidas a objetos comunes o conceptos sean similares.	*Razonamiento abstracto*
Dígitos	El niño repite en voz alta una serie de números que el evaluador le dice verbalmente. Primero debe repetirlas según el mismo orden. Posteriormente se presentan series que debe repetir en orden inverso.	*Atención, memoria auditiva inmediata*
Conceptos	Se muestran varias filas con dibujos. El niño debe escoger uno de cada fila según un criterio racional de clasificación. Se trata de una prueba visual por lo que está libre de la influencia del lenguaje.	*Razonamiento*
Claves	El niño copia símbolos emparejados con números o formas geométricas (según la edad). Primero debe atender al número y luego copiar la forma que le corresponde en un tiempo limitado.	*Atención visual sostenida*
Vocabulario	En su forma para los más pequeños consta de dibujos que el niño debe nombrar. Después se transforma en palabras que el evaluador lee y el niño debe definir o explicar su significado.	*Conocimiento, lenguaje*
Letras y	Es parecida a la de dígitos salvo que ahora se	*Memoria*

Test:	Descripción:	Habilidad
Números	incorporan mezcladas en las series también letras. El niño debe repetir las series siguiendo un criterio de primero números y después letras ordenadas de menos a más en números y siguiendo el orden alfabético con las letras.	*auditiva inmediata y atención*
Matrices	El niño debe elegir entre cinco figuras presentadas la adecuada para completar una matriz a la que le falta una parte.	*Razonamiento lógico*
Comprensión	Este subtest se compone de una serie de preguntas orales que se efectúan al niño para conocer su nivel de comprensión respecto a determinadas situaciones sociales.	*Normas sociales*
Búsqueda de símbolos	El niño debe indicar, en un tiempo limitado, si uno o varios símbolos coinciden con un grupo de símbolos que se presentan.	*Atención sostenida*
Figuras Incompletas	Se deben detectar las partes omitidas de un dibujo dentro de un tiempo estipulado.	*Percepción visual. atención*
Animales	Dentro de un límite de tiempo, el niño ha de marcar en un registro gráfico todos los animales que vea. Primero lo hará dentro de un conjunto de dibujos colocados aleatoriamente y luego en otro colocados de forma estructurada.	*Atención sostenida, la discriminación visual*
Información	El niño debe describir en voz alta el significado de diferentes palabras simples que comprende desde objetos de uso común a instrumentos, conceptos, etc.	*Vocabulario*
Aritmética	El niño ha de resolver dentro de un tiempo limitado, problemas aritméticos presentados de forma oral.	*Cálculo mental.*
Adivinanzas	El niño debe tratar de identificar el objeto o concepto escondido tras las pistas aportadas verbalmente.	*Conocimiento del entorno, comprensión del*

Test:	Descripción:	Habilidad
		lenguaje, capacidad de razonamiento.

En la presente tabla se indican las puntuaciones directas que deben ser transformadas a puntuaciones escalares para la muestra de niños de 8 años en el WISC-IV.

Tabla A.1 Conversión puntuaciones directas a puntuaciones escalares para cada grupo de edad (*continuación*)

Punt. escalar	C	S	M	D	CL	V	B	PV	SD	BS	I	LN	CA	CO	A	Punt. escalar
1	0-2	0-2	0-2	0-5	0-7	0-5	0-3	0-2	0-3	0-1	0-5	0-1	0-20	0-4	0-3	1
2	3-4	3-5	3	6-7	8-11	6-7	4	3	4-6	2-3	6	2	21-22	5-6	4-5	2
3	5-7	6-7	4-5	8-9	12-15	8-9	5-6	4	7-9	4-5	7-8	3-4	23-24	7-8	6-7	3
4	8-9	8-10	6-7	10-11	16-18	10-12	7-8	5	10-12	6-8	9	5-6	25-27	9-10	8	4
5	10-11	11-13	8-9	12-13	19-20	13-14	9	6	13-14	9-11	10	7-8	28-31	11-12	9	5
6	12-14	14-16	10	14-15	21-23	15-16	10-11	7-8	15-16	12-13	11	9-10	32-35	13-14	10-11	6
7	15-16	17-18	11-12	16-17	24-25	17-18	12-13	9	17-18	14-15	12	11-12	36-39	15	12	7
8	17-19	19-20	13	18-19	26-28	19-20	14	10-	19-20	16-17	13	13	40-44	16-17	13-14	8
9	20-21	21-23	14-15	20-21	29-32	21-22	15-16	11-12	21-22	18-19	14	14	45-49	18	15	9
10	22-24	24-25	16	22	33-35	23	17	13	23-25	20-21	15	15	50-54	19	16	10
11	25-26	26-27	17-18	23-24	36-39	24-26	18-19	14	26-27	22-23	16	16	55-60	20	17	11
12	27-29	28	19	25	40-42	27	20	15-16	28-29	24	17	17	61-66	21	18-19	12
13	30-31	29-30	20	26-27	43-46	28-29	21-22	17	30-31	25-26	18	18	67-71	22-23	20	13
14	32-34	31	21	28	47-49	30-31	23	18	32-33	27-28	19	—	72-77	24-25	21	14
15	35-36	32-33	22	29-30	50-51	32-33	24-25	19	34-35	29-30	20	19	78-83	26	22	15
16	37-39	34-35	23	31	52-53	34-35	26	20-21	36-37	31-32	21	20	84-90	27	23	16
17	40-42	36	24	32-33	54-55	36	27	22	38-39	33-34	22	—	91-96	28	24	17
18	43-44	37	25	34	56-58	37	28	23	40-41	35-36	23	21	97-103	29	25	18
19	45-58	38-46	26-32	35-54	59-117	38-54	29-34	24-29	42-49	37-60	24-31	22-30	104-128	30-38	26-34	19

Pongamos un ejemplo de corrección e interpretación:

"Imaginemos un niño de 8 años que viene a consulta con sus padres por problemas de conducta y dificultades en el aprendizaje. Decidimos aplicar el WISC-IV al niño para saber cómo es su nivel de atención, memoria, compresión de las normas sociales, etc. Los resultados indican una puntuación directa en claves (CL) 19 lo cual supone una puntuación escalar de 5, en dígitos una puntuación directa de 18 y escalar de 7 y en figuras incompletas (I) una puntuación directa de 11 y escalar de 6. Sabiendo que la puntuación escalar que está dentro de la media es 10. Concluimos que el chico presenta

problemas en la atención y percepción, siendo estos datos coherentes con la queja de los padres. El chico obtuvo una puntuación directa de 9 y escalar de 6 en letras y números, indicativo de problemas de memoria. Finalmente, en las tareas de comprensión social su rendimiento estuvo dentro del intervalo normal con una puntuación escalar de 11 en adivinanzas y compresión".

El evaluador debe tener cuidado en el cálculo de las puntuaciones directas porque suelen cometerse errores habituales en el cálculo de las puntuaciones directas en el WISC, por ejemplo:

- Olvidarse de añadir a la puntuación total los puntos obtenidos en los pocos ítems del principio que no se aplicaron.

- Olvidarse de sumar los puntos de una página del Cuadernillo de anotación a los de la página siguiente (p.ej., en el WISC en vocabulario hay 15 ítems en una página y 18 en la siguiente; en Comprensión hay 5 ítems en una pág. y 13 en las siguiente).

- Olvidarse de restar el número de respuestas incorrectas de las correctas en la Búsqueda de símbolos

- Olvidarse de multiplicar el número de uniones correctas por el peso asignado en Rompecabezas.

- Trasladar incorrectamente las puntuaciones totales de cada test de la parte inferior del Cuadernillo de anotación al cuadro de conversión de puntuaciones de las páginas finales.

- Calcular mal el total de las puntuaciones directas por un error de suma

- Incluir puntos obtenidos en ítems presentados después de cumplido el criterio de terminación.

-

Test y baterías neuropsicológicas

Por otra parte, se han publicado baterías neuropsicológicas para Evaluación neuropsicológica de las funciones ejecutivas en niños [6] y se dispone de numerosos test con baremos en población adolescente y adulta española gracias al proyecto neuronorma (véase tabla 2).

Tabla 5. *Escalas baremadas con población española adolescente y adultos.*

Autor	Prueba
Aranciva et al.[5]	Boston Naming Test y Token Test.
Tamayo et al. [16]	Span verbal, span visuo-spatial, Letter-Number Sequencing, Trail Making Test and Symbol Digit Modalities Test
Calvo et al. [17]	Visual Object and Space Perception Battery Judgment of Line Orientation.
Casals-Coll et al. [18]	Verbal fluency tests.
Rognoni et al.[19]	Stroop Color–Word
Palomo et al. [20]	Tower of London-Drexel Rey–Osterrieth Complex Figure (copy and memory) Free and Cued Selective Reminding Test.

El neuropsicólogo debe familiarizarse con los artículos mencionados porque en ellos se hallan las puntuaciones percentiles de la población española adolescente y adulta. Véase la tabla de abajo con los baremos de la Figura compleja de rey y una breve explicación de las tareas que incluye dicha prueba [20].

solo estos tienen en español?

Table 1 Scaled and percentile scores on the ROCF test.

NSS	Percentile ranks	Copy time	Copy accuracy	Immediate memory accuracy	Delayed memory accuracy	Recognition
2	<1	≥513	<20	≤5	≤7	≤12
3	1	324–512	21	6	8	13
4	2	297–323	22	7.8	9	14–15
5	3.4	253–296	23–26	9–11	10	16–17
6	6–10	224–252	27–28	12	11–12	–
7	11–18	191–223	29–30	13–15	13–15	18
8	19–28	170–190	31	16–17	16–17	19
9	29–40	153–169	32–33	18–19	18–19	20
10	41–59	122–152	–	20–22	20–22	21
11	60–71	111–121	34	23–24	23–24	22
12	72–81	91–110	35	25–26	25	–
13	82–89	84–90	–	27–28	26–27	23
14	90–94	74–83	–	29	28–30	–
15	95–97	69–73	–	30–31	31	–
16	98	65–68	–	32	32	–
17	99	62–64	–	33–34	33	–
18	>99	≤61	≥36	≥35	≥34	≥24
Number of subjects		179	179	179	179	169

NSS, Neuronorma scaled scores; ROCF, Rey–Osterrieth Complex Figure.

Nota: las líneas indica el intervalo medio (percentil 29-71, siendo medio bajo 29-40 y medio alto 60-71); copy time= tiempo en la copia en segundos; copy accuracy=exactitud de la copia; immediate memory accuracy= exactitud en memoria inmediata, es decir, la exactitud al recordar la figura después de 3 minutos; Delayed memory accuracy= memoria a largo plazo o exactitud al realizar la figura después 30 minutos.

La figura de rey contiene 18 elementos y cada uno de los cuales recibe una puntuación de 0,5, 1 o 2, dependiendo de la exactitud, deformación y localización de cada elemento. La puntuación más alta posible es 36 para cada una de las 3Tareas. El ensayo de reconocimiento (recognition) se administra inmediatamente después de la tarea de memoria a largo plazo.

A continuación indicamos un ejemplo de interpretación de los baremos de la Figura compleja de Rey [20] en un adolescente con sospechas de problemas de atención.

"Si una persona tarda en realizar la copia (copy time) de la figura 249 segundos obtendrá un percentil 6-10, lo que indica una dificultad grave a nivel de psicomotricidad, planificación o velocidad de procesamiento, según los datos obtenidos en la tarea de exactitud de la tarea. Imaginemos que ha tenido uno puntuación directa de 34, lo cual indica un percentil 72-81, es decir la persona no presenta problemas en la organización ni

psicomotricidad pero si en la velocidad de procesamiento. Necesita más tiempo para hacer la figura correctamente".

Por otra parte, los neuropsicólogos disponen debaterias neuropsicológicas para niños entre 6 y 12 años como el ENFEN de Portellano, Martínez y Zumárraga [6]. En este sentido, vamos a poner un breve ejemplo de corrección e interpretación.

"Imaginemos un niño de 7 años con sospechas de tener déficit de atención. Al realizar la tarea tipo Train Making Test o Senderos obtiene una puntuación directa de 7 y tarda 320 segundos en hacer la tarea de la torre de las anillas. Al realizar la conversión de las puntuaciones directas a decatipos se encuentran que son bajos".

TABLA DE CONVERSIÓN DE PUNTUACIONES DIRECTAS A DECATIPOS: 7 AÑOS

Decatipo	F1 Fluidez fonológica	F2 Fluidez semántica	S1 Sendero gris	S2 Sendero a color	A Anillas	I Interferencia
1	0 - 2	0 - 5	0 - 9	0 - 5	≥ 340	0 - 29
2	3	6	10	6	339 - 302	30 - 36
3	4 - 5	7 - 8	11	7	301 - 272	37 - 40
4	6	9	12 - 14	8	271 - 231	41 - 49
5	7 - 8	10	15 - 16	9 - 10	230 - 221	50 - 53
6	9	11 - 12	17 - 19	11 - 12	220 - 196	54 - 62
7	10	13 - 14	20 - 22	13 - 14	195 - 173	63 - 71
8	11 - 12	15 - 16	23 - 24	15 - 17	172 - 162	72 - 82
9	13	17 - 19	25 - 28	18 - 20	161 - 138	83 - 88
10	≥ 14	≥ 20	≥ 29	≥ 21	≤ 137	≥ 89

A continuación, en la tabla siguiente indicamos que el niño tiene puntuaciones bajas y muy bajas en subpruebas de senderos de color, que mide cambio atencional, y la tarea de las anillas, que mide planificación, ambas tareas miden aspectos fundamentales de la función ejecutiva.

| Decatipo ⇨ | 4 | 4 | 5 | 3 | 2 | 4 | ⇦ Decatipo |

A continuación, traslade las puntuaciones en decatipos al perfil que se presenta a continuación.

Decatipo		Fluidez fonológica	Fluidez semántica	Sendero gris	Sendero a color	Anillas	Interferencia	Decatipo	
Muy alto	10							10	Muy alto
	9							9	
Alto	8							8	Alto
Medio alto	7							7	Medio alto
Medio	6							6	Medio
	5							5	
Medio bajo	4							4	Medio bajo
Bajo	3							3	Bajo
Muy bajo	2							2	Muy bajo
	1							1	

7. Hipótesis

En la siguiente tabla se presentan las reglas para aceptar o rechazar posibles hipótesis en base a los resultados encontrados en diferentes test.

Tabla 6. *Reglas para aceptar o rechazar hipótesis.*

Número de tests que constituyen una habilidad compartida	Reglas para interpretar la habilidad como un punto fuerte (al menos un test es un punto fuerte significativo)	Regla para interpretar la habilidad como un punto débil (Al menos un test es un punto débil significativo)
2	Todos los test deben estar por encima de la media	Todos los tests deben estar por debajo de la media.

3 ó 4	Por lo menos dos o tres tests deben estar por encima de la media. Y sólo un test puede ser equivalente a la media	Por lo menos dos o tres tests deben estar por debajo de la media. Y sólo un test puede ser equivalente a la media
5 o más	Por lo menos cuatro tests deben estar por encima de la media. Y sólo un test puede ser igual o menor que la media.	Por lo menos cuatro tests deben estar por debajo de la media Y sólo un test puede ser igual o mayor que la media

8. Redacción del informe neuropsicológico

Inicialmente en la redacción del informe neuropsicólogico se recomienda:

- Poner datos fiables en la anamnesis.

- Evitar tautologías o redundancias.

- Escribir de forma directa, evitar estilo literario y metáforas.

- Asegurarse de describir los tests no basta con los nombres.

- No abarca más de lo que la propia descripción de los resultados de la evaluación.

- Dependiendo de las circunstancias, cabe diseñar informes que ofrezcan hipótesis objeto de consideración, opiniones profesionales, etc.

- Es deseable la concreción, pero no se debe sobrepasar los límites de la credibilidad.

Además, el neuropsicólogo debe estar atento a no cometer una serie de errores en la redacción del informe neuropsicológico que pueden dificultar la compresión e interpretación del informe, y que por lo tanto puede tener una serie de repercusiones morales y éticas en la persona evaluada. Los errores más habituales son:

1. Incluir detalles inapropiados

2. Utilizar un lenguaje inadecuado o términos técnicos

3. Utilizar un lenguaje ambiguo

4. No fundamentar las hipótesis en datos adecuados

5. Hacer grandes generalizaciones a partir de una información aislada

6. Incluir juicios de valor

7. Comentar más el test mismo que las habilidades del sujeto

8. Utilizar una mala redacción

9. Presentar las conductas o las puntuaciones de los tests sin interpretarlas

10. Olvidarse de dar razones convincentes para proponerle una consulta

11. Olvidarse de indicar los intervalos de confianza o expresar de alguna manera que las puntuaciones de los tests tienen una banda de error

12. Dar prematuramente los resultados de los tests (p.ej.: en el apartado de apariencia y características de la conducta).

13. Utilizar numerosos tipos de letra o color en el informe.

Entre las pautas necesarias para realizar un correcto Informe Neuropsicológico destacamos que el neuropsicólogo:

1. Debe seguir los epígrafes estandarizados (datos de identificación, historia clínica, motivo de consulta, etc.). Más adelante podrá ver los epígrafes según tipo de informe.

2. Debe utilizar pruebas psicométricas validadas en población española.

3. Tendrá que interpretar los resultados siguiendo las normas de aplicación y corrección del test.

4. Deberá procurar evitar poner las puntuaciones directas dentro del informe. En caso de que el test no disponga de baremos en base a puntuaciones típicas, decatipos, percentiles, etc. se indicara el punto de corte.

5. Tendrá que reflejar los resultados en base a puntuaciones típicas, decatipos, percentiles, etc.

6. Evitará realizar juicios de valor o comentarios subjetivos, centrándose en describir los resultados.

7. Debe recordar que el informe refleja el momento presente, y no es una predicción del comportamiento futuro de la persona. →no sabemos como va a funcionar

8. Deberá basarse en los criterios diagnósticos y establecer hipótesis y relaciones entre las subescalas y los datos psicométricos de los test.

Una parte importante del informe es la interpretación de los resultados. En este sentido, el neuropsicólogo debe:

1. Unir conductas con resultados neuropsicológicos

2. Establecer hipótesis a partir de semejanzas y diferencias (discrepancias) entre los resultados de los test en base a las funciones cognitivas.

3. Apoyar hipótesis en datos de múltiple procedencia, incluyendo conductas observadas.

4. No contradecirse a sí mismo.

5. Describir habilidades subyacentes que la tarea trata de poner de manifiesto.

6. Hablar de las habilidades de la persona y no del test.

7. Resumir las interpretaciones más importantes de las puntuaciones globales y de los puntos fuertes y débiles

8. Defender el diagnóstico si ha llegado a hacerse.

9. Relacionar los datos cognitivos y conductuales con los datos de neuroimagen.

9. Devolución del informe neuropsicológico

En el momento de devolver los datos de la valoración neuropsicológica a la familia el neuropsicólogo han de considerarse estos aspectos:

1. El informador ha de ser la misma persona que ha llevado el proceso de evaluación.

2. El profesional establecerá una secuencia de aproximación y abordaje de las diversas cuestiones a tratar.

3. Es preciso concienciar a la familia de la importancia de la participación en el proceso. Sobre todo si la intervención conlleva intervención farmacológica o medidas de contención física.

4. Debe olvidarse las ideas preconcebidas acerca de la familia. Por ejemplo, si algún miembro de la familia sólo le preocupan los aspectos negativos.

5. En función de la persona, problema, gravedad, etc., se puede comenzar la devolución de información informando de los aspectos positivos de los resultados y continuar con los aspectos negativos poco a poco, o bien mezclar aspectos positivos y negativos.

6. No debemos quedarnos en la simple enumeración de problemas, hay que señalar génesis, desarrollo, connotaciones, evolución y pronóstico.

7. Cada problema o dato negativo ha de ir acompañado, en la medida de lo posible, de una propuesta de solución. Esto se dejará reflejado en la parte de orientaciones del informe

8. Debemos insistir continuamente en el mantenimiento del flujo de comunicación y en la comprensión de nuestras afirmaciones por parte de la familia.

¿por siempre?

9. La observación de las reacciones de la otra persona ha de ser continua con el fin de captar manifestaciones de angustia y preocupación.

10. No se limita el tiempo para el informe, pueden ser dos sesiones.

11. No debemos dejar que la familia abandone el despacho con una actitud negativa.

12. Las orientaciones o consejos se deben plantear de forma breve, concisa, organizada e insistiendo en aclarar cualquier duda.

13. Nunca hemos de olvidar que la devolución de información es un derecho del paciente y un deber del psicólogo que se compromete desde la aceptación del caso.

Así pues, los objetivos de la entrevista de devolución de información son:

1. Consolidar la relación terapéutica
2. Transmitir al paciente nuestra visión del caso
3. Ayudar al paciente a entender el significado de su diagnóstico
4. Transmitir al paciente el pronóstico y favorecer sus expectativas y motivación hacia el cambio
5. Sistematizar los objetivos de cambio e intervención
6. Exponer al paciente las líneas de tratamiento y permitirle la elección
7. Activar los recursos propios del paciente para la puesta en marcha de la intervención
8. Conseguir el consentimiento informado verbal del tratamiento elegido

Así pues, el estilo y habilidades de comunicación del neuropsicólogo en la devolución del informe deben indicar que hay:

- Seguridad a la hora de dar información, pero admitiendo comentarios, dudas y dificultades.

- Claridad y precisión en el lenguaje.

- Escucha activa.

- Contacto visual mantenido.

- Empatía.

- Predisposición para facilitar la resolución de problemas.

Después de la explicación de los resultados es preciso que el neuropsicólogo proponga una elección de tratamiento y consentimiento informado. Así pues, el neuropsicólogo tendrá que:

- Subrayar las opciones de tratamiento

- Discutir todos los aspectos positivos y negativos de cada opción

- Predecir los posibles obstáculos y anticipar problemas

- Comunicar si el terapeuta se hace cargo de la intervención

- Pedir a la familia que realice cualquier pregunta o comentario

- Preguntar al paciente (si este es consciente) y familia cuál es la mejor opción a seguir

- Aconsejar a la familia que se tome tiempo para pensar al respecto

- Solicitar el consentimiento informado de forma explícita

- Contestar todas las preguntas que formula el paciente y la familia

10. Estudio de un Caso: Evaluación neuropsicológica y Pautas de tratamiento

Varón, 12 años

Embarazo: Segundo embarazo. Diabetes materna e hipertensión. La madre tuvo nauseas, contracciones y dolores desde los tres primeros meses de embarazo. El médico le recomendó reposo porque tenía contracciones cuando se ponía de pie. Medicada solo con vitaminas y hierro. Rompió aguas sin contracciones. Apgar 9-10. Peso al nacer: 3.150 gr. No presentó reflejo de succión. Ingresó en Neonatos a las 23 horas por hipoglucemia ya que no mamaba; pero hacia las 48 horas comenzó a succionar con fuerza y se amamantó durante 1 año.

Parto: El parto fue a los 9 meses. 2800kg. La madre informa que el ADGAR estaba dentro de la normalidad. Su aspecto era normal pero a los *3 días* cuando comenzó a tomar alimento se puso amarillo. Estuvo entre 10 y 11 días con la bilirrubina alta. Permaneció en la incubadora y sin oxígeno artificial. Le detectaron un virus y el niño solo dormía. Entonces, no tomaba alimento e iba perdiendo peso.

Antecedentes familiares: Una prima hermana de la madre con retraso mental. Un primo hermano de la madre, ceguera. Dos hijas de primos de la madre por la rama paterna con retraso mental. La madre, abuela, tías y hermanos del padre con sordera congénita. Un primo del padre, epilepsia.

Desarrollo psicomotor: Retraso en todas las áreas con sedestación alrededor de los 12-14 meses y marcha a los 22 meses. Inicio tardío de las primeras palabras. Otros datos de interés son los siguientes: Mostró un carácter excesivamente tranquilo, ya que sólo dormía. Tenía más de un año cuando comenzó a activarse. Desde los 3 o 4 meses daba respuestas sociales anticipatorias, pero no lograba hitos del desarrollo motor. Si controlaba el polo cefálico, pero no se tuvo sentado hasta después del año. Hacia los 14 meses inició el sentado sin apoyo. Después comenzó a culetear con pierna flexionada y así conseguía desplazarse gracias al apoyo de la mano. No arrastró ni gateó. Le entrenaban llevándole de las manos y con el tacatá desde antes del año. A los 22 meses deambuló sin apoyo y sin rumbo. No se interesó por la exploración de los objetos hasta llegar a Navidad de 1998.

Neurología:

Informe (5-02-01): TAC craneal normal, potenciales evocados sin hallazgos patológicos, EEG normal, RMN normal y Cariotipo normal.

EEG (29-09-04): actividad cerebral anormal por presencia de una lentificación de forma difusa, poco diferenciada y reactiva.

EEG (4-10-05): Actividad cerebral anormal por la presencia de una actividad poco diferenciada y reactiva con una lentificación difusa de los ritmos corticales de grado moderado (Trastorno cerebral difuso cortico-subcortical) frontal.

Grado de minusvalía (2010): 66%

Medicación: No tiene

Motivo consulta: Evaluación y tratamiento neuropsicológico. Presenta dificultades en el lenguaje comprensivo y expresivo, utiliza pseudopalabras.

Valoración Inteligencia

Debido a las limitaciones en el lenguaje decidimos volver a aplicar la Escala Manipulativa Internacional de Leiter-Revisada, concretamente la batería de visualización y razonamiento para obtener un cociente de inteligencia no verbal.

Los resultados indican un cociente de inteligencia breve similar a la anterior valoración 38 y un CI completo de 32.

Subescala	Puntuación escalada
Figuras ocultas	1
Analogías	1
Completar formas	1
Orden secuencial	1
Modelos repetidos	1
Doblar papel	2

Continuamos hallando un rendimiento muy bajo en las subescalas que miden razonamiento (Orden de secuencias, Punt Escalada: 1 y Modelos repetidos, Punt Escalada: 1). La tarea de modelos repetidos es similar a una tarea tipo Stroop relaciona con funciones ejecutivas.

Las subescalas de Figuras ocultas (Punt Escalada: 1) y Analogías de diseños (Punt Escalada: 1) que miden aspectos atencionales relacionados con el área visual y espacial también presentan puntuaciones muy bajas.

En la escala de Doblar papel que mide aspectos relacionados con la construcción tridimensional se observa un resultado levemente mejor (Punt Escalada: 2), si bien se observa que en los últimos ítems de la aplicación de esta subescala acierta varias veces por azar. En este sentido, no podemos atribuir estas mejoras a una mejora cognitiva. De hecho, este incremento no se halla en el resto de subescalas que permanece invariable respecto a las dos anteriores valoraciones. Se observa que comienza a mostrarse inatento transcurridos unos minutos durante la aplicación de la prueba.

Valoración neuropsicológica
Span atencional y concentración
Se aplica la prueba de dígitos del WISC para valorar la memoria inmediata verbal y se halla que no comprende las instrucciones que le damos porque se haya todo el tiempo ausente por el déficit atencional que presenta de base. Tiende a decir los números de forma correlativa dependiendo del último que le decimos (al pedirle que repita 3-6 el chico continúa diciendo 7-8 y así sucesivamente). Muestra una impulsividad constante ya que nos dice los números antes de finalizar la secuencia. (Su puntuación típica es de 0).
Clave de números del WISC, tiene dificultades de concentración además de en la grafomotricidad (puntuación típica de 0). Muestra un déficit importante en cuanto al cambio atencional ya que en muchas ocasiones no asocia el símbolo a su número correspondiente si no que copia de manera secuencial el modelo de claves establecido. Esto puede ser debido a que o bien en clase está acostumbrado a realizar tareas de copia o por problema de comprensión de la instrucción inicial o por problemas en la codificación de cada símbolo.

Percepción

Para valorar su percepción hemos utilizado la prueba de Figuras Incompletas del WISC que no requiere de organización ni motricidad. Se encuentran dificultades graves ya que no supera el punto de corte de su edad (puntuación típica de 2).

Memoria no verbal

Figura compleja de Rey, en el apartado de copia se observan problemas en la organización que están originados porque no presta atención al dibujo (Puntuación 4,5/27). Se hallan además, dificultades en la grafomotricidad ya que al hacer cuadrados tiende a redondear las esquinas y las líneas oblicuas las sustituye por las verticales. Tiempo: 2´00. Estilo desorganización, problema atencional grave (véase dibujo 1).

Dibujo 1. *Copia Figura compleja de Rey*

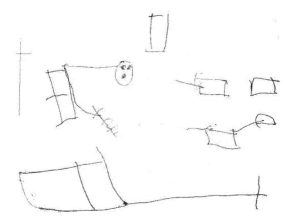

En cuanto al recuerdo de la figura de rey se encuentra una memoria no verbal a largo plazo alterada (0/16).

Dibujo 2. *Recuerdo Figura compleja de Rey*

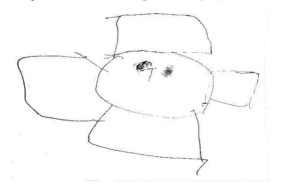

Función ejecutiva

Inhibición recíproca de ritmos y reproducción de ritmos: se observa una falta de atención a la instrucción que le damos así como una gran impulsividad.

Test de las anillas: Se observa un ritmo muy fluctuante debido los problemas para prestar atención a la tarea (Percentil 1).

Hábitos de autonomía personal

Alimentación: Precisa supervisión

Vestido: Precisa supervisión y ayuda física parcial para abrochar camisas, pantalones, etc.

Higiene personal: Precisa instigación y ayuda física parcial.

Desenvolvimiento en el entorno: Precisa supervisión continua y ayuda de una tercera persona

SINTESIS DIAGNOSTICA

Según los resultados de la valoración el chico presenta una discapacidad intelectual severa según criterios DSM-5. Los datos neuropsicológicos indican un déficit atencional importante así como en la psicomotricidad, función ejecutiva y memoria no verbal. Estos datos son compatibles con los estudios neurofisiológicos realizados en el chico que indican una lentificación difusa de los ritmos corticales de grado moderado (Trastorno cerebral difuso cortico-subcortical) a nivel frontal.

Pautas de intervención:

- Atención y percepción: tareas que traten de buscar diferencias entre dos imágenes; de cancelación con series de dibujos aleatorios en las que tiene que encontrar uno en concreto; matrices de letras y números; ejercicios con claves de símbolos en los que tenga que codificar dibujos con letras para completar una frase; hacer dibujos siguiendo secuencias de números consecutivos; hacer mandalas, etc. Se recomiendan todo tipo de tareas que impliquen atención sostenida y alternante.

- Memoria: tareas que traten de mostrarle fichas con varias imágenes para después enseñarle la misma pero con un dibujo menos y que identifique cual falta, ejercicios en los que aprenda una serie de dibujos, por ejemplo animales y que posteriormente tenga que reconocerlos de entre una lista más amplia; aprender letra de una canción o por ejemplo contarle una historia que le parezca interesante y pedirle que la repita después.

- Función ejecutiva: hacer tareas se secuencias de colores y formas (grande-pequeño, cuadrado-círculo, etc.). Tareas con anillas, imitar secuencias, realizar una secuencia con un modelo establecido, etc. Tareas de reproducción de ritmos con instrumentos comenzando por ritmos muy básicos.

- Lecto-escritura: en cuanto a la grafomotricidad sería conveniente que realizara ejercicios de completar secuencias puntuadas; copiar figuras dentro de una cuadrícula. Y en cuanto a la capacidad lectora, reforzar la lectura de letras y sílabas para más adelante ampliar a palabras.

- Impulsividad: En power point, mostrarle secuencias de imágenes y pedirle que responda (con un golpe, por ejemplo) ante unas y que inhiba la respuesta ante otras.

11. Referencias

1. Gardner H. Intelligence reframed: Multiple intelligences for the 21st century. Basic Books. 1999.

2. Premack D, Woodruff G. Does the chimpanzee have a theory of mind?. Behavioral and brain sciences 1978; 1(04): 515-526.

3. Tirapu-Ustárroz J, García-Molina A, Luna-Lario P, Roig-Rovira T, Pelegrín-Valero C. Modelos de funciones y control ejecutivo (I) [Models of executive control and functions (I)]. Rev neurología 2008; 46(684): 92.

4. Baggetta P, Alexander PA. Conceptualization and Operationalization of Executive Function. Mind, Brain, and Education 2016; 10 (1): 10-33.

5. Aranciva F, Casals-Coll M, Sánchez-Benavides G, Quintana M, Manero RM, Rognoni, T, ... Peña-Casanova J. Spanish normative studies in a young adult population (NEURONORMA young adults project): Norms for the Boston Naming Test and the Token Test. Neurología (English Edition) 2012; 27(7): 394-399.

6. Portellano JA, Martínez R, Zumárraga L. Evaluación neuropsicológica de las funciones ejecutivas en niños (ENFEN). Madrid: TEA Ediciones. 2009.

7. Blakemore SJ, Frith U. The learning brain: lessons for education: a precis. Developmental Science 2005; 8 (6): 459–465.

8. Mehta A. 'Neuroeducation' emerges as insights into brain development, learning abilities grow. Retrieved from http://www.dana.org/news/brainwork/detail.aspx?id=22372. 2009.

9. Diamond A. Enhancing cognitive and social – emotional development through a simple-to-administer mindfulness-based school program for elementary school children: a randomized controlled trial. Developmental Psychology 2015; 51: 52-66.

10. Bransford JD, Brown AL, Cocking RR. How people learn: brain, mind, experience, and school (Expanded edition). Washington, DC: National Academy of Sciences: Committee on Developments in the Science of Learning and Committee on Learning Research and Educational Practice. 2000.

11. Pérez AG, Granero MÁM, Pérez AV, Fernández CG, López MV, Bermejo AM, ... Calleja MC. Codificación en neurología pediátrica basada en la Clasificación Internacional de enfermedades, 9ª revisión (CIE-9). Revista de neurología 2009; 48(2): 58-61.

12. American Psychiatric Association. DSM-5. Diagnostic and statistical manual of mental disorders (5thEdition). 2013. Washington, DC: Author.

13. Martínez-González AE, Piqueras JP. Seguimiento neuroeducativo en alumnos con Trastorno del Espectro Autista y Discapacidad Intelectual. II International Congress of Clinical and Health Psychology on Children and Adolescents. Barcelona. 2016. 17 to 19 November.

14. Wechsler D. Wechsler intelligence scale for children-WISC-IV. Psychological Corporation. 2003.

15. Roid GH, Miller LJ. Escala manipulativa internacional de Leiter-Revisada ST-37050. Psymtec. 1996.

16. Tamayo F, Casals-Coll M, Sánchez-Benavides G, Quintana M, Manero RM., Rognoni, T., ... Peña-Casanova J. Spanish normative studies in a young adult

population (NEURONORMA young adults project): Guidelines for the span verbal, span visuo-spatial, Letter-Number Sequencing, Trail Making Test and Symbol Digit Modalities Test. Neurología (English Edition) 2012; 27(6): 319-329.

17. Calvo L, Casals-Coll M, Sánchez-Benavides G, Quintana M, Manero RM, Rognoni T, ... Peña-Casanova J. Fe de errores de «Estudios normativos españoles en población adulta joven (Proyecto NEURONORMA jóvenes): normas para las pruebas Visual Object and Space Perception Battery y Judgment of Line Orientation». Neurología 2013; 28(7): 453-453.

18. Casals-Coll M, Sánchez-Benavides G, Quintana M, Manero RM, Rognoni T, Calvo L, ... Peña-Casanova J. Spanish normative studies in young adults (NEURONORMA young adults project): norms for verbal fluency tests. Neurología (English Edition) 2013; 28(1): 33-40.

19. Rognoni T, Casals-Coll M, Sánchez-Benavides G, Quintana M, Manero RM, Calvo L, ... Peña-Casanova J. Spanish normative studies in young adults (NEURONORMA young adults project): Norms for Stroop Color–Word Interference and Tower of London-Drexel University tests. Neurología (English Edition) 2013; 28(2): 73-80.

20. Palomo R, Casals-Coll M, Sánchez-Benavides G, Quintana M, Manero RM, Rognoni T, ... Peña-Casanova J. Spanish normative studies in young adults (NEURONORMA young adults project): Norms for the Rey–Osterrieth Complex Figure (copy and memory) and Free and Cued Selective Reminding Test. Neurología (English Edition) 2013; 28(4): 226-235.

Materiales:

Podéis encontrar la plantilla en formato excel para el WISC-IV. Nueva plantilla corrección WISC-IV ampliada.

http://psicodiagnosis.es/areaespecializada/instrumentosdeevaluacion/interpretaciondelwisci
v/index.php#04f9119c950039708

Propuesta de intervención neuropsicológica en un caso de TDAH

2

Miriam Sánchez Romero
Agustín Ernesto Martínez-González

1.Introducción

El Trastorno por Déficit de Atención e Hiperactividad (en adelante TDAH) es un trastorno del neurodesarrollo, incluidos estos en el eje 1 de la última versión del Manual Diagnostico y Estadístico de los Trastornos Mentales (en adelante DSM-V), por lo que es una afectación, principalmente, de la infancia [1].

Los síntomas característicos del TDAH son la alteración en habilidades de organización y psicomotrices –como una agitación nerviosa constante y sin motivo-, a la vez que en la conducta impulsiva, y dificultades en el mantenimiento de la atención [2]. Además, los niños que lo padecen poseen una gran distracción en la realización de tareas y un bajo seguimiento de las instrucciones o peticiones que se les demanda. Partiendo de estas características básicas que describen al trastorno –inatención e hiperactividad/impulsividad-, se pueden hacer distinciones en cuanto a cuál de ellas se presenta con mayor frecuencia o acentuación. De tal manera que podríamos encontrar: una presentación predominante con falta de atención o inatención sin apenas una conducta impulsiva o hiperactiva; una presentación predominante del comportamiento hiperactivo o impulsivo sin falta de atención; y por último, una presentación combinada perteneciente a la que ambos aspectos se dan de manera simultánea, tanto la inatención como la hiperactividad [2].

Los problemas en el ámbito social del niño también suelen ser frecuentes debido a su impulsividad y actividad aumentada; además ambos aspectos, unidos a la distracción y la inquietud que poseen, hacen que a menudo se les considere ansiosos, sin embargo, no lo son en la mayoría de los casos[3].Todo ello interfiere en la vida cotidiana del niño, así como en la de sus familiares más cercanos y en la relación entre ambas partes por no obedecer este a las órdenes o normas que se le instruyen, lo cual obstaculiza también un rendimiento académico óptimo de estos niños[4].

En cuanto a la neuropsicología del trastorno, el TDAH cuenta con déficits en las funciones cognitivas del cerebro y, concretamente, en las funciones ejecutivas. Es decir, el rendimiento en tareas que requieren atención, control inhibitorio, flexibilidad cognitiva, la habilidad de planificación y la memoria de trabajo, se encuentra disminuido en niños con TDAH [5]. La capacidad de anticipación de consecuencias de las conductas realizadas o la solución de problemas e interferencias que afectan a la consecución de metas es insuficiente en estos niños, además de tener afectadas la vigilancia, la regulación emocional y la impulsividad. Es por esto que dicho trastorno se asocia con un Síndrome Disejecutivo, también llamado síndrome frontal, debido a que afectaciones en áreas frontales serían las encargadas de los déficits de las funciones ejecutivas mencionadas [6].

Debido a los problemas de impulsividad que presentan los niños con TDAH, la psicomotricidad se ve afectada, de tal manera que poseen un aumento del tono muscular unido a la dificultad de mantener la postura, además de problemas en la organización espaciotemporal, el equilibrio, motricidad fina y gruesa y el esquema corporal [4].

En cuanto a la prevalencia del TDAH en la población, se estima que entre el 3% y el 7% de la población infantil presenta este trastorno, siendo mayor esta prevalencia, en torno al 8%, entre los 6 y 9 años y en el género masculino [7]. Algunos estudios apuntan a una comorbilidad del TDAH con otros trastornos, tales como los trastornos disruptivos de la conducta, trastornos del espectro autista, trastornos del aprendizaje -concretamente la dislexia- y trastornos del estado de ánimo –principalmente ansiedad y depresión- [8, 9, 10].

Por otro lado, los estudios realizados de neuroimagen parecen apuntar a que los déficits ejecutivos se ajustan a la disminución de sustancia gris en el lóbulo frontal, ganglios basales y cerebelo [11, 12] en concordancia con lo explicado anteriormente. Asimismo, se han encontrado alteraciones en el cíngulo anterior, córtex frontal dorsolateral inferior, tálamos y algunas zonas de la corteza parietal, es decir, existiría una hipoactividad en circuitos fronto-estriales y fronto-parietales. En términos generales se podría hablar de un síndrome fronto-subcortical [13].

El TDAH guarda relación también con alteraciones en la regulación de neurotransmisores, en concreto, la dopamina y la noradrenalina [14]. A grandes rasgos, y sin tener en cuenta únicamente lo siguiente, la vía dopaminérgica se encargaría de los síntomas relacionados con la hiperactividad y la impulsividad del trastorno; y la noradrenérgica con síntomas cognitivos y conductuales [14, 15].

En cuanto a la etiología del trastorno, y aunque no se han establecido con certeza las causas que lo provocan, los estudios genéticos que se han hecho con gemelos y familias apuntan a una heredabilidad del TDAH ya que entre el 50% y el 77% de los hijos de padres con TDAH, lo presentan también [16]. Existen también causas ambientales y psicológicas del TDAH ya que los resultados encontrados, aunque no muy concluyentes, parecen apuntar a que el temperamento, los estilos educativos parentales y el aprendizaje son aspectos importantes a tener en cuenta en relación a la aparición de problemas de conducta [3]. Es decir, patologías familiares, especialmente parentales, podrían estar relacionadas con el inicio del TDAH. Existe más consenso sobre que existen factores que intervienen a nivel cerebral y que, como consecuencia, desinhiben la conducta del niño [17].

Los estudios hasta ahora realizados, por tanto, no identifican causas exactas del trastorno, sino que evidencian que es multifactorial y que se encuentra afectado tanto genética como ambientalmente [18].

En cuanto a la intervención del TDAH, el tratamiento farmacológico más utilizado es el que incluye el metilfenidato [19] por ser eficaz en la disminución de la hiperactividad, la impulsividad, y la inatención, y la mejora de la concentración, la memoria –principalmente de trabajo- y el comportamiento social. El mecanismo de acción que sigue este fármaco es el bloqueo de la recaptación de dopamina, y en menor medida de la noradrenalina, lo cual aumenta su concentración en el espacio sináptico, provocando una amplificación de la neurotransmisión [20]. Otros tratamientos han sido estudiados, de manera que se ha encontrado que la intervención integrada de terapia cognitivo-conductual combinada con técnicas de estimulación neuropsicológicas, aumentan la función ejecutiva, la memoria operativa, la atención y los procesos de lectoescritura, además de contribuir a la inhibición de la conducta y los síntomas de impulsividad [8, 21].

Existen estudios de tratamientos alternativos y técnicas de neurofeedback para el TDAH, mostrando mejoras en la coordinación visomotriz y la atención. Sin embargo, estos resultados no son del todo concluyentes y se recomienda que el tratamiento para el TDAH sea multimodal y basado en el contexto psicosocial de cada niño [19].

2. Objetivo

El presente capitulo tiene el objetivo de, en primer lugar, realizar una evaluación neuropsicológica en un caso de TDAH y, en segundo lugar, diseñar una intervención neuropsicológica individualizada en base a los déficits encontrados en el caso.

3. Método

3.1. Descripción del contexto y del caso

El caso escogido para este capítulo es un niño con 7 años y 2 meses en el momento de la evaluación, al que se le referirá con la sigla "A". Es el mayor de dos hermanos, y nació tras un embarazo normal con parto a los 9 meses. Tiene dominancia diestra y se encuentra cursando el segundo curso de primaria, tal y como le corresponde. Para poder incluirle en el estudio, se obtuvo el consentimiento informado por parte de sus parentales -por ser "A" menor de edad-, mediante el cual se acepta la inclusión del niño en la evaluación bajo el principio de confidencialidad de datos.

"A" fue diagnosticado de TDAH hace 1 año y 2 meses, cuando tenía 6. Fue unos meses antes cuando sus padres y profesores encontraron los primeros síntomas de distracción, inatención e hiperactividad y acudieron a varios especialistas, obteniendo dicho diagnóstico. El niño se encuentra en tratamiento farmacológico desde enero de 2016, cuya medicación, de principio activo metilfenidatohidrocloruro, es de dosis diarias en relación 1-0-0.

3.2. Materiales o Instrumentos

Evaluación Neuropsicológica de las Funciones Ejecutivas en Niños (ENFEN en adelante): El ENFEN es una batería encargada de evaluar el desarrollo cognitivo de niños entre 6 y 12 años, especialmente el funcionamiento ejecutivo, es decir, permite la valoración de capacidades como la solución de problemas, la programación de la conducta, la atención sostenida flexibilidad cognitiva, memoria de trabajo y fluidez verba. Consta de cuatro pruebas: Prueba de fluidez fonológica y fluidez semántica; prueba de Senderos; prueba de las Anillas y prueba de interferencia [22].

Prueba de Claves de la Escala de Inteligencia de Wechsler para Niños IV (WISC-IV): La prueba de claves mide la velocidad de procesamiento y habilidades de rapidez asociativa; percepción visual de los elementos; coordinación viso-manual; capacidad de aprendizaje; atención sostenida; flexibilidad cognitiva y memoria de trabajo [23].

Prueba de Dígitos de la Escala de Inteligencia de Wechsler para Niños IV (WISC-IV): Esta prueba mide span atencional, memoria auditiva a corto plazo, habilidad de secuenciación, atención sostenida y concentración. Además, el niño tiene que ejercitar habilidades de planificación para realizar la tarea adecuadamente y memoria de trabajo, sobre todo en la segunda parte en la que la tarea debe realizarse en orden inverso [23].

Figura Compleja de Rey-Osterrieth forma A: La forma A de la *Figura Compleja de Rey-Osterrieth* para la etapa de desarrollo de 4 a 8 años está compuesta por dos partes (copia y reproducción de memoria) en las que se tienen en cuenta la precisión y localización de los elementos del dibujo, así como el tiempo trascurrido. Con esta prueba se pretende medir la capacidad visoespacial y la organización perceptual en la copia de la figura, y la memoria visual a la hora de reproducir la figura [24].

3.3. Procedimientos

"A" lleva 7 meses asistiendo dos veces a la semana a la Asociación "Cuenta Conmigo" para padres y niños, la cual se dedica a la psicología infantil, la atención temprana y la psicomotricidad. Las sesiones eran tanto grupales como individuales con la psicóloga, realizando ejercicios y actividades de psicomotricidad, de control de la actividad y sesiones orientadas a la clínica.

Para poder llevar a cabo la evaluación neuropsicológica completa de este estudio, dicha asociación proporcionó un despacho individual en el que únicamente se encontraban el evaluador y el evaluado con el fin de eliminar cualquier variable de estimulación que pudiera estar interfiriendo mientras realizaba las pruebas de evaluación.

La evaluación de diferentes variables cognitivas se realizó de forma aislada mediante la aplicación de siete pruebas neuropsicológicas escogidas como instrumentos para el estudio, con la pretensión de obtener un esquema del funcionamiento cognitivo general del paciente. Las pruebas se escogieron teniendo en cuenta que midieran funciones cognitivas diferenciadas y variadas afectadas en el TDAH.

4. Resultados

Tras la evaluación realizada al niño con TDAH, se obtuvieron una serie de resultados de los diferentes instrumentos utilizados, que serán expuestos a continuación.

Fluidez verbal

"A" obtuvo una puntuación decatipo de 5 en la clave fonológica, esta puntuación se considera de nivel "medio"; mientras que en la clave semántica "A" obtuvo un decatipo 3, estando dentro de nivel "bajo".

Procesamiento de la información

En la primera parte de la prueba de Senderos *del ENFEN* (S1), "A" obtuvo un decatipo 3, por lo que las funciones que presenta dificultades severas en el procesamiento de la información.

Cambio atencional

En la segunda parte *Senderos del ENFEN* (S2), "A" presentó un rendimiento muy bajo (decatipo 2).

Control inhibitorio

En la tarea tipo Stroop de *Interferencia del ENFEN*. "A" obtiene una puntuación decatipo de 6, lo cual indica que "A" tiene un rendimiento "medio" en la prueba.

Resolución de problemas

En la Gráfico 1 se puede observarse el rendimiento de "A" en el *Test de las Anillas*. Como puede observarse el número de movimientos va aumentando a medida que aumenta la dificultad del ensayo, tal y como es esperable. Sin embargo, se espera que el tiempo también vaya aumentando y en el caso de "A" no es así, sino que este va sufriendo variaciones a lo largo del ejercicio. La puntuación total decatipo es de 4, indicando un nivel de rendimiento "medio-bajo".

Gráfico 1. *Representación de los resultados en los 14 ensayos*
que componen el Test de las Anillas.

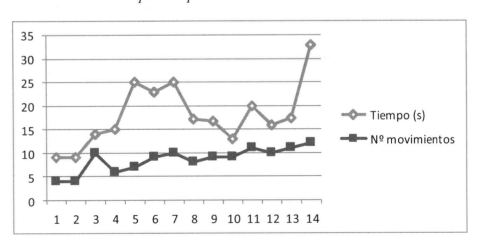

Concentración

En la tarea de *Claves del WISC*, "A" obtiene una puntuación escalar de 18, siendo la puntuación máxima 19 puntos.

Span atencional

En cuanto a la prueba de *Retención de Dígitos del WISC*, en la parte de dígitos directos, "A" obtiene una puntuación escalar de 16, siendo la máxima 19. Además, la última serie recordada por "A" se compone de 4 dígitos, por lo que pertenece al 97.1% de la población que así lo hace, ya que la media es de 4.7 con una desviación típica de 0.8. En la parte de dígitos inversos "A" obtiene una puntuación escalar de 16 sobre 19. La última serie recordada es de 4 dígitos, correspondiéndose con el 26.4% de la población, debido a que la media son 3.1 dígitos con desviación típica de 0.8. La puntuación natural total de la prueba es 14, atribuyéndose a una puntuación escalar de 14 sobre 19.

Memoria no verbal

En cuanto al *Test de la Figura Compleja de Rey* para niños; la parte de la copia de la figura ha obtenido 30.5 puntos en total, correspondiente con una puntuación centil de 100, lo cual quiere decir que "A" se encuentra en el porcentaje más alto de la población de su edad a la hora de realizar esta tarea. El tiempo empleado en la copia ha sido 1 minuto 24 segundos, equivalente a un centil de 50, es decir, en cuanto a la velocidad de la tarea "A" se encuentra en la media para su edad. Por otro lado, en la reproducción de memoria de la figura, obtiene una puntuación total de 25, correspondiendo a un centil 90, es decir, dejando por debajo al 90% de la población de su edad. El tiempo empleado en la reproducción de memoria es un parámetro que no se contabiliza en esta prueba.

5. Propuesta de intervención

Dado que el niño escogido para el estudio presenta déficits en algunas de las funciones cognitivas evaluadas con los instrumentos escogidos, se pretende realizar una propuesta de intervención neuropsicológica que sea individualizada para dicho caso único.

El tratamiento neuropsicológico que se propone se efectúa durante 6 meses, en los cuales se dedicarían dos sesiones a la semana acordadas, de 60 minutos cada una, dedicadas al niño de forma individual. Por otro lado, se concertaría una cita cada dos semanas con los padres y el niño para poder comentar el trabajo realizado en sesión y los cambios que puedan resurgir en el día a día de "A", lo cual permitiría modificaciones tanto del profesional como de los parentales. Por tanto, "A" recibiría 8 sesiones mensuales individuales y 2 mensuales junto con los padres.

En primer lugar, la evaluación de funciones ejecutivas mediante el ENFEN, nos ha podido proporcionar información sobre el déficit que "A" tiene en la fluidez semántica, por lo que ejercitar y estimular esta área cognitiva es anterior y más significativo que hacerlo en la fluidez fonológica, en la que se encuentra perteneciendo a la media. Para ello se deberían realizar tareas en las que el niño tenga que acceder al lexicón, es decir, el almacenamiento del vocabulario que posee cada persona, y además tenga que ordenarlo en categorías, lo cual implica también memoria semántica. Se proponen tres tipos de ejercicios. El primero de ellos consiste en que el profesional emita una serie de palabras que después el niño deba recordar de forma que las repita en orden por grupos de palabras o categorías sin mezclarlas entre ellas. El segundo, consiste en decir oraciones en las que haya omisión de palabras que el niño debe completar, basándose en el contexto de la oración y buscando palabras que concuerden con la categoría de la que se está hablando. El tercero de los ejercicios, y en línea con la evaluación realizada de fluidez semántica, se basa en demandar al niño que diga todas las palabras posibles pertenecientes a grupos semánticos distintos, variando estos y cronometrando con un tiempo límite, que cada vez será menor para estimular el acceso rápido al léxico mental. Asimismo, uno de los recursos que podemos utilizar para la fluidez verbal y semántica, el lenguaje oral y las habilidades de lectoescritura y grafomotoras, es el blog "9 letras" que nos proporciona diversas actividades en versiones de Powert Point e imprimibles y con posibilidad de constante feedback de la tarea, lo cual es necesario no solo en estas actividades sino en toda la estimulación que queramos ejercer. En la Tabla 1 aparece explicada detalladamente la estimulación de esta función cognitiva.

Tabla 1. *Intervención neuropsicológica individualizada para caso de TDAH*

Tarea	Dedicación en sesión	Ejemplo	Materiales	Función cognitiva estimulada
Entrenamiento en fluidez semántica	20' de 1 sesión semanal	⇨ Recordar palabras según categoría. ⇨ Omisión de palabras en oraciones. ⇨ Todas palabras de una clase en tiempo limitado.	-Terapeuta (oralmente) -Aparatos electrónicos (Tablet, ordenador, móvil…). -Powert Point y blog "9 letras"	-Comprensión del lenguaje. -Memoria semántica. -Memoria operativa. -Lenguaje Oral. -Hab. lectoescritora.
Entrenamiento en FFEE	40' de cada sesión semanal	⇨ Juego o actividad simultánea a distracción auditiva. ⇨ Planificación de los próximos 7 días. ⇨ Definir tiempos antes y durante actividad. ⇨ Planteamiento de problemas escritos y abstractos; desordenación de elementos. ⇨ Juego del Reto del Atasco.	-Material fabricado por terapeuta. -Aparato electrónico para audios. -Papel y lápiz. -Plataforma web "Dideco"	-Flexibilidad cognitiva. -Inhibición de distracción. -Planificación, memoria prospectiva. -Memoria de trabajo. -Impulsividad. -Solución de problemas.
Entrenamiento en atención	20' de 1 sesión semanal	⇨ Búsqueda de elementos en una matriz. ⇨ Juego o actividad simultánea a distracción auditiva. ⇨ Clasificación de cartas según estrategia.	-Material fabricado por terapeuta. -Plataforma web "Orientación Andújar".	-Atención sostenida -Atención selectiva. -Atención alternante.

Entrenamiento en control emocional	30' de cada sesión semanal	⇨ Identificación de emociones ⇨ Expresión de emociones ⇨ Autoinstrucciones ⇨ Técnicas de relajación y respiración	-Material fabricado por terapeuta. -Manuales editados	-Planificación -Impulsividad. -Solución de problemas. -Control emocional

Nota: Algunas actividades pueden estar orientadas a varias funciones cognitivas simultáneamente.

La tarea de Senderos es en la que menor rendimiento consigue "A" del ENFEN; además el rendimiento en el test de las Anillas también es medio-bajo por lo que las funciones que se miden en ambas tareas deben ser estimuladas para lo cual se proponen varios ejercicios. Una posible actividad de flexibilidad cognitiva, basada en el Test de Clasificación de Cartas de Wisconsin y adaptada a la edad del niño, es la presentación de cartas con diferentes dibujos –de varios tamaños, formas y cantidad- para la clasificación de estas siguiendo una norma, de tal manera que se le diga que está bien mientras lo hace de acuerdo a la norma establecida (por ejemplo, según el color), y decirle mal cuando el terapeuta cambie de estrategia (por ejemplo, según la cantidad de elementos en la imagen) hasta que el niño descubra esta nueva y sea capaz de cambiar la norma según demanda y alterna la situación –entrenando también atención alternante-. También se puede pedir que realice un juego de dificultad intermedia para "A" mientras, simultáneamente, se le pone un audio de una historia la cual sería una distracción que tendría que inhibir para poder completar el juego en cuestión adecuadamente, focalizando además la atención hacia la tarea seleccionada como principal. La programación de las actividades de la semana, tanto rutinarias como novedosas, anticipando el tiempo que se va a dedicar a cada una de ellas y con qué personas se va a realizar, podría servirnos para estimular las habilidades de planificación y memoria prospectiva. El juego del Reto del atasco puede ser buena opción a la hora de planificar (cómo introducir coches en huecos, de diferentes niveles de dificultad) y además está disponible en la plataforma web de "Dideco".

La impulsividad es un problema que se deja ver en el bajo rendimiento de la tarea de las Anillas por lo que debería ser disminuida. Realizar tareas con varios participantes en las que se definan los tiempos que debe utilizar cada uno puede sernos útil, o dejar un "tiempo para pensar" antes de realizar la actividad podría servir para que la haga correctamente con el fin de esperar a realizar el movimiento adecuado aunque ya sepa la solución. Ejercicios como los laberintos de diferentes niveles de dificultad y con distracciones en el camino nos ayudan a planear la consecución de un fin, probando varias alternativas. También se pueden proponer problemas de lápiz y papel, o materiales en los que el terapeuta desordene los elementos y el niño tenga que esforzarse en ordenarlos como indique la tarea. Para que sea más ameno y divertido para el niño, nos pueden servir como ayuda aparatos electrónicos que emitan diferentes ruidos según se vaya haciendo el ejercicio bien o mal (véase la Tabla 1).

La tarea de Claves del WISC-IV fue una de las mejores actividades que realizo "A", obteniendo una alta puntuación y finalizando la tarea antes del tiempo límite. La velocidad de procesamiento es una función que mide este test y en la que el niño no tiene déficit; además la percepción visual y la rapidez asociativa de los elementos tampoco se encuentra afectada, lo cual se revela por la alta puntuación obtenida.

En el test de la Figura Compleja de Rey, el paciente se encuentra ante la misma situación; "A" ha obtenido la máxima puntuación en la primera parte y una puntuación también muy alta en la segunda. Esto significa que la capacidad visoespacial y la organización perceptual son funciones que en el caso de "A" no se encuentran alteradas, al igual que ocurre con la memoria visual.

Algo parecido ocurre con las habilidades evaluadas en la prueba de Dígitos del WISC-IV, ya que la puntuación es relativamente alta. En el orden directo "A" se encuentra 0.7 puntos por debajo de la media. Sin embargo, y menos común, en el orden inverso se encuentra 0.9

puntos por encima de la media. Esto podría explicarse por la atención sostenida focalizada en cada parte de la tarea, lo cual estaría apuntando a que en la primera parte, de orden directo, "A" estuvo más inatento que en la segunda, de orden inverso; afectando esto al recuerdo posterior de los dígitos. Tareas que estimulen la atención sostenida, por ejemplo, son aquellas en las que el niño tiene que encontrar en una matriz de letras, números, dibujos o sombras, el estímulo que es igual a un modelo presentado. Este material puede estar fabricado por el profesional, de diferentes niveles de dificultad y variando el tiempo de presentación de los estímulos a medida que pasa el tiempo; o en recursos on-line como la web "Orientación Andújar", en la que podemos encontrar actividades varias de atención.

Por lo tanto, la intervención neuropsicológica no debería estar encaminada a estas funciones cognitivas en el caso de "A", lo cual no quiere decir que para que sea una intervención completa para el TDAH, se puedan pautar actividades que las requieran. Los síntomas de "A" están más relacionados con la hiperactividad e impulsividad y según los resultados de la evaluación neuropsicológica los déficits de "A" son más de tipo ejecutivo. Por lo que se sugiere incluir en la intervención técnicas de tipo cognitivo-conductual con el objetivo de aumentar el autocontrol: autoinstrucciones, técnicas de relajación-respiración y resolución de problemas. Además de tareas de tipo go/no go.

6. Discusión

La hiperactividad que sufren los niños con TDAH está relacionada en la mayoría de los casos con la incapacidad para mantener la atención que presentan, lo cual afecta no solo al resto de funciones neuropsicológicas a la hora de evaluarlas sino al rendimiento académico y a la relación con los familiares más cercanos [25].

En este capítulo se han presentado los resultados de una evaluación neuropsicológica en un niño con TDAH. Los hallazgos son coincidentes con la literatura que sugiere problemas de tipo disejecutivo [6]. La lectura de este tipo de caso puede ser de utilidad al clínico a la hora de idear un protocolo de evaluación para la detección del TDAH.

Por otra parte, la propuesta de intervención es integradora y basada en la evidencia de otros estudios [5, 21]. La intervención neuropsicológica de este caso se ha propuesto con el fin de que el niño pueda generalizar las actividades desde las sesiones terapéuticas a los diferentes ámbitos de la vida diaria, ya sea en el área escolar, familiar o social [26]. Los objetivos y actividades propuestos en la intervención neuropsicológica están fundamentados en la base de la exploración neuropsicológica previa. Esta metodología de trabajo puede servir de orientación al clínico que se enfrenta ante unos objetivos en la intervención del TDAH.

Por último, señalamos la importancia que puede tener que las actividades planteadas en la intervención tengan un carácter lúdico, ello hará que el niño aumente su motivación por ir a la consulta, de lo contrario el niño podría no seguir con las actividades o incluso dejar la terapia. Del mismo modo, la intervención integral apuesta por la participación activa de los familiares. Así, dichas técnicas pautadas pueden resultar fáciles para que los padres también puedan trabajarlas en casa tanto durante como posteriormente a la intervención.

7. Referencias

1. American Psychiatric Association. DSM-5. Manual Diagnóstico y Estadístico de los Trastornos Mentales. 5º ed. Arlington, VA: Editorial Médica Panamericana; 2014.

2. Brodeur DA. Pound M. The development of selective attention in children with attention déficit hyperactive disorder. Abn. Child Psychol 2001; 29: 229-39.

3. Feinberg TE, Farah MJ. Behavioralneurology & neuropsychology. 2ª ed. New York: The McGraw-Hill; 2003.

4. Rubio-Grillo MH, Salazar-Torres LJ, Rojas-Fajardo A. Habilidades motoras y de procedimiento que interfieren en la vida académica habitual de un grupo de estudiantes con signos y síntomas de TDAH. Rev Col Psiqui 2014; 43: 18-24.

5. Molina J, Martinez-González AE. Eficacia de una intervención computerizada para mejorar la atención en un niño con TDAH. RPCNA 2015; 2 (2): 157-162.

6. Cervigini MA, Stelzer F, Mazzoni CC, Gómez CD, Martino P. Funcionamiento ejecutivo y TDAH. Aportes teóricos para un diagnóstico diferenciado entre una población infantil y adulta. Revista Interamericana de Psicología 2012; 46 (2): 271-276.

7. Rodríguez-Pérez C, Nuñez C, Rodríguez J, Parrales A, Bringas C, García T. Trastorno por Déficit de Atención e Hiperactividad (TDAH): Prevalencia y características sociodemográficas en población reclusa. Psicol Reflex Crit 2015; 28 (4): 698-713.

8. Castelló N. Eficacia de un Programa de Intervención Neuropsicológica en un caso de TDAH y Dislexia. Rev Dis Cli Neuro 2017; 4 (1): 84-95.

9. Berenguer C, Miranda A, Pastor G, Roselló R. Comorbilidad del trastorno del espectro autista y el déficit de atención con hiperactividad. Estudio de revisión. Rev Neurol 2015; 60 (1): 37-43.

10. Artigas-Pallarés J. Comorbilidad en el trastorno por déficit de atención/hiperactividad. Rev Neurol. 2003; 36 (1): 68-78.

11. McAlonan GM, Cheung V, Chua SE, Oosterlaan J, Hung SF, Tang CP, et al. Age-related grey matter volumen corretalte of response inhibition and shifting in ADHD. Br J Psychiatry 2009; 194 (2): 123-129.

12. Soria-Claros AM, Serrano I, Serra A, Felix M, Quintero J, Ortiz T. Neurofunctional differences in the P300 frequency formulti-sensory stimulation in kids with attention déficit hyperactivity disorder. Rev Neurol 2015; 60 (1): 75-80.

13. Durston S, Mulder M, Casey BJ, Ziermans T, Engeland H. Activation in ventral prefrontal cortex issensitive to genetic vulnerability for attention-deficit hyperactivity disorder. Biol Psychiatry 2006; 60:1062–1070.

14. Quintero J, Castaño de la Mota C. Introducción y etiopatogenia del trastorno por déficit de atencióne hiperactividad (TDAH). Pediatría Integral 2014; 18 (9): 600-608.

15. Ramos-Quiroga JA, Picado M, Mallorquí-Bagué N, Cilarroya O, Palomar G, Richarte V, et al. Neuroanatomía del trastorno por déficit de atención/hiperactividad en el adulto: hallazgos de neuroimagen estructural y funcional. Rev Neurol 2013; 56 (1): 93-106.

16. Mayor J, García R. Trastorno por Déficit de Atención/Hiperactividad (TDAH). Revisión ¿Hacia dónde vamos ahora?. Revista Chilena de Psiquiatría y Neurología 2011; 22 (2): 144-154.

17. Nigg JT. Is ADHD dishinibitorydisorder?. Psychol Bull 2001; 127 (5): 571-98.

18. Ramírez C, Luna V, Betancur JD. Trastorno por Déficit de Atención e Hiperactividad visto desde la genética y la epigenética: una revisión teórica investigativa. Revista Senderos Pedagógicos 2014; 5: 95-106.

19. Jarque S. Barcelona Eficacia de las intervenciones con niños y adolescentes con Trastorno por Déficit de Atención con Hiperactividad (TDAH). Anuario de Psicología 2012; 42(1): 19-33.

20. Papaseit E, García-Algar O, Simó S, Pichini S, Farré M. Metilfenidato en el tratamiento del trastorno de déficit de atención con hiperactividad en pediatría: monitorización en matrices biológicas. An Pediatr 2013; 78(2): 123.e1-123.e10.

21. Martínez-González AE, Martínez MD, Alonso IM.Intervención integral en un niño con epilepsia y síntomas de déficits de atención con hiperactividad. Escr Psicol 2014; 7 (3): 42-49.

22. Portellano A, Martínez R, Zumárraga L. Manual ENFEN. Evaluación neuropsicológica de las funciones ejecutivas en niños. Madrid: TEA Ediciones; 2011.

23. Wechsler D. Manual técnico de interpretación. Escala de inteligencia de Wechsler para niños-IV (WISC-IV). 2ª ed. Madrid: TEA Ediciones; 2004.

24. Kirkwood MW, Weiler MD, Holmes B, Forbes PW, Waber DP. Sources of Poor Performance onthe Rey-Osterrieth Complex Figure Test among Children With Learning Dificulties: A Dynamic Assessment Approach. Clin Neuropsychol 2001; 15 (3): 345-356.

25. Solis V, Quijano MC. Rehabilitación neuropsicológica en un caso de TDAH con predominio impulsivo. Rev Chil de Neuropsicol 2014; 9(2): 67-71.

26. Pérez E. Programa de intervención neuropsicológica en el trastorno por déficit de atención e hiperactividad. Revista de Psicología y Educación 2007; 6(2): 269-291.

Evolución neuropsicológica de un caso de epilepsia con síntomas de autismo

3

Agustín Ernesto Martínez-González

1. Introducción

La epilepsia es un trastorno paroxístico que se caracteriza por una actividad eléctrica cerebral anómala asociada a diversas manifestaciones conductuales y cognitivas. Concretamente la epilepsia es un trastorno que suele provocar déficit en la atención y memoria en las personas que la padecen [1].

Por otra parte, el Trastorno del Espectro Autista (TEA en adelante) forman parte de los trastornos del neurodesarrollo cuyos sintomáticos comienzan desde las primeras etapas de la vida y afectan al desarrollo cognitivo, del lenguaje y de la conducta. Incluso las personas con TEA que tienen un alto funcionamiento también presentan alteraciones moderadas en la memoria de trabajo verbal, memoria de trabajo espacial, flexibilidad y planificación [2].

Tanto los trastornos del neurodesarrollo como las epilepsias tienen en común la mayoría de los síntomas neuropsicológicos y del lenguaje [3]. Además, los jóvenes con TEA presentan tasas más altas de epilepsia comparados con otros trastornos, incluso si las personas con TEA tienen un CI inferior. La epilepsia está muy relacionada con el TEA cuando la persona con TEA también presenta síntomas más severos de depresión, manía y esquizofrenia [4].

Los estudios han señalado que la intervención neuropsicológica aporta técnicas que pueden ser eficaces para la intervención en personas con TEA. La intervención neuropsicológica ha resultado eficaz para niños con TEA, señalando mejoras significativamente en la resolución de problemas, flexibilidad, planificación / organización y habilidades sociales [5]. Del mismo modo, la rehabilitación neuropsicológica se ha empleado habitualmente para recuperar los déficits en memoria y atención de personas con epilepsia [6].

2. Objetivo

El presente capitulo tiene el objetivo de mostrar los cambios neuropsicológicos positivos en un adolescente con epilepsia, discapacidad intelectual y síntomas de autismo, tras el tratamiento neuroeducativo.

3. Método

3.1. Descripción del contexto y del caso

Cuando D tenía 4 años presentaba un cuadro de epilepsia. D vivía en una zona rural de un pueblo de Colombia. D ha vivido la mayor parte de su vida con su abuela materna, mientras que sus padres vivían en España para conseguir una estabilidad económica. Debido al delicado estado de salud y las frecuentes crisis epilépticas los abuelos decidieron que D no fuera al colegio. Cuando tenía 10 años de edad D fue sometido una intervención de psicocirugía. Según refiere la familia desde la intervención aumentaron en D el número de crisis epilépticas. La familia describe que el chico tiene crisis de ausencia caracterizadas por cierre de los ojos poco a poco (microcrisis), ausencia y caída al suelo. Suele sufrir una media de 5 crisis al día los días buenos y 10 crisis al día los días malos. Apenas existen datos de la historia evolutiva de D. A los 18 años el chico se fue a vivir a España con sus padres. El informe médico de esa época indica que D permaneció más estable en la aparición de crisis atónicas. A esa edad D fue diagnosticado de Epilepsia refractaria (Síndrome de Lennox-Gastaut) Autismo (Síndrome de Asperger) y astigmatismo mixto, ambliopía y estrabismo. D presenta graves déficits visuales pese a la intervención que le realizaron en el ojo izquierdo. En la actualidad D está en un colegio de educación especial y viviendo con los padres. En el informe escolar se detalla que D no sabe leer ni escribir y que presenta graves dificultades en la atención. Sin embargo, tiene un buen nivel de vocabulario, siendo su lenguaje elaborado.

D no presenta problemas de conducta y está totalmente adaptado al centro escolar. Es un alumno tranquilo. Cuando tiene cambios de conducta o se enfada es porque algún usuario está más agresivo y le ha provocado a algún daño personal. En cuanto a la autonomía personal D precisa de instigación y ayuda física parcial a la hora de cortar. No sabe atarse los zapatos y precisa mucha instigación para abrochar los botones y debido al déficit visual y la posibilidad de crisis epilépticas precisa ayuda parcial y supervisión en la higiene personal. En cuanto a los datos farmacológicos D tiene prescrita los siguientes fármacos:

Lacosamida 200mg/12h; levetiracetam 2gr/12h; Oxcarbazepina 1,2gr/8h; Clobazam 20mg/8h; gamma Globulina humana.

3.2. Materiales o Instrumentos

Escala de Inteligencia de Wechsler para Adultos (WAIS): El WAIS es un test que evaluar la inteligencia global, entendida como concepto de CI, de individuos entre 16 y 64 años. Test es de aplicación individual y consta de 2 escalas: verbal y manipulativa. La escala verbal incluye diferentes sub-test como: información, comprensión general, aritmética, semejanzas, dígitos y vocabulario. La escala manipulativa incluye los sub-test de: figuras incompletas, cubos, historietas, rompecabezas y dígitos [7].

Test de Aprendizaje Verbal de Rey

El Test de Aprendizaje Auditivo Verbal de Rey o el Rey Auditory-Verbal Learning Test (RAVLT en adelante): Es un instrumento para evaluar la memoria a corto plazo y largo plazo, el aprendizaje verbal, la interferencia proactiva y retroactiva, reconocimiento y memoria diferida, también se puede obtener una curva de aprendizaje [8]. RAVLT el cual consta de 2 listas de 15 palabras (Lista A y lista B) y una de 45 palabras (Lista de reconocimiento) la cual consta de las palabras de las otras dos listas y 15 diferentes.

Phonemic Fluency Task (FAS en adelante): El FAS incluye una Tarea de Fluidez Verbal Semántica (FVS en adelante) y Tarea de Fluidez Verbal Fonológica (FVF en adelante) [9]. La tarea de FVS consiste en decir el mayor número posible de "animales", "vegetales" y "utensilios de cocina" durante un minuto. La tarea de FVF consiste en decir el mayor número posible de palabras durante un minuto que comenzasen por una letra determinada. Las letras empleadas fueron P, F, R, A, E y S [10]. En ambas tareas y durante las instrucciones se advertía al participante que los nombres propios, las siglas, marcas comerciales y las palabras derivadas o diferentes formas de un mismo verbo, no se considerarían como respuestas válidas.

3.3. Procedimientos

Dado el déficit visual de D se ideó un protocolo neuropsicológico basado en la valoración de las habilidades cognitivas básicas y superiores de modo verbal. En este sentido, de aplico toda la parte verbal de la Escala de Inteligencia de Wechsler para Adultos (WAIS). En la valoración de la memoria se empleó la "Lista A" del RAVLT la cual se leyó 5 veces. En cada repetición se colocaban las palabras que recordaba el sujeto. Pasados 30 minutos se preguntó sobre las palabras que podía recordar de la primera lista. Para medir la función ejecutiva mediante el FAS se utilizó la letra F para la clave fonológica y la categoría animales para la clave semántica.

4. Resultados de la evaluación

Inteligencia verbal

La Gráfica 1 muestra la evolución en la capacidad verbal de D en durante los tres años de seguimiento de sus habilidades cognitivas como el vocabulario, la comprensión, las habilidades matemáticas y el span atencional.

Gráfica 1. *Evolución de las habilidades verbales en tres años.*

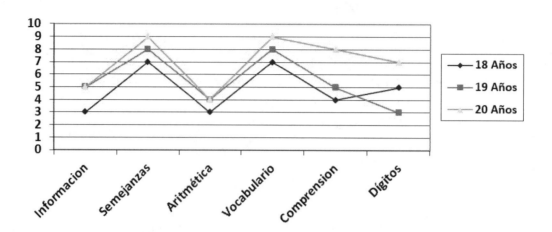

Como puede apreciarse en la Gráfica 1 D ha presentado una mejora clínica a lo largo de los años tras la intervención nueropsicológica y educativa. Se observa un aumento de las puntuaciones típicas de forma progresiva a lo largo de los años, llegando al intervalo normal o punto de corte en la sub-escala de Semejanzas, Vocabulario y Comprensión. Igualmente se halla una mejora en la memoria inmediata verbal o span atencional. Sin embargo, aunque hay una mejora en las habilidades de información del medio y matemáticas estas se encuentran por debajo del punto de corte establecido para la edad del chico.

En la Gráfica 2 se informa de la evolución cognitiva verbal global en los tres años de seguimiento.

Gráfica 2. *Evolución del CI verbal en tres años.*

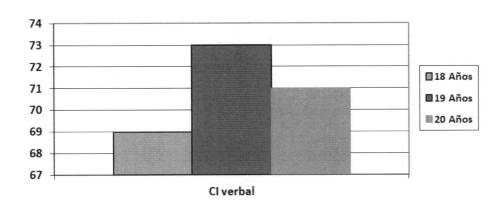

Los resultados indican que D presenta una mejora clínica en el cociente de inteligencia verbal tras la intervención educativa y neuropsicológica.

Memoria verbal

La Gráfica 3 presenta los resultados en memoria verbal del Test de Aprendizaje Verbal de Rey.

Gráfica 3. *Evolución de la memoria verbal a corto plazo, aprendizaje y memoria a largo plazo en tres años.*

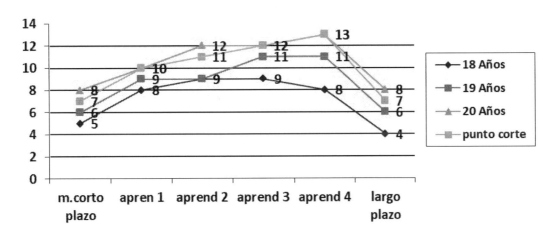

Los resultados indican que D inicialmente presenta un déficit en la memoria verbal a corto plazo, limitaciones serias para aprenden las listas de palabras y en la memoria verbal a largo plazo. Sin embargo, después de dos años de intervención educativa y neuropsicológica se halla una mejora tanto en la memoria verbal inmediata como en la capacidad de aprendizaje y memoria verbal a largo plazo, superando el punto de corte (véase la Gráfica 3).

Función ejecutiva

En la Gráfica 4 se muestran los resultados en percentiles en la clave semántica y fonológica del instrumento FAS para medir la función ejecutiva D. Los resultados iniciales muestran que D tiene serias limitaciones en la fluidez verbal sobre todo en la clave semántica. Después de un año de intervención se observan los primeros síntomas de mejora en la clave semántica que alcanza el percentil normal. Sin embargo, hay un menor desarrollo de la habilidad semántica durante los años, que llega hasta un percentil limítrofe con el intervalo normal bajo.

Gráfica 4. *Evaluación de la fluidez verbal en 3 años*

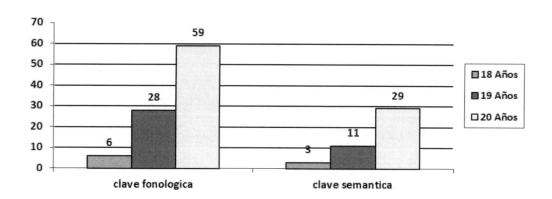

5. Descripción del tratamiento

La intervención neuroeducativa fue realizada en un contexto escolar. La tutora del alumno realizaba tareas que habían sido orientadas por el psicólogo orientador del colegio con formación amplia en neuropsicología. A continuación, señalamos las habilidades que se estimularon en el aula durante los 3 años:

Comprensión social y función ejecutiva: La comprensión social que habitualmente muestran dificultades las personas con TEA. Las tareas de comprensión social eran de tipo verbal, se planteaban problemas sociales y como se podían resolver. Por ejemplo.: ¿Puedes decirme por qué es necesario tener salidas de emergencias los edificios?

Información del medio: Es una competencia que depende en gran medida del contexto cultural. Se estuvo enseñando los contenidos del currículo sobre geografía, las culturas, religiones y capitales de los países.

Memoria: Se realizaron tareas de memoria inmediata utilizando las nuevas tecnologías (p.ej.: apps de memoria y atención) con apoyo de técnicas mnemotécnicas para realizar tareas de concentración o memoria inmediata a nivel verbal (p.ej.: repetir las cifras en operaciones mentales y hacer sumas o restas sencillas mentalmente). Las tareas que se presenten de memoria eran fundamentalmente de memoria verbal. Por ejemplo, decir listas de elementos y asociarlos a aspecto de su vida para que así la memoria sea de trabajo.

6. Discusión

El debate sobre el diagnóstico D está servido ¿Se trata simplemente de una persona con epilepsia?; ¿La epilepsia ha provocado los síntomas autistas?; ¿Es la discapacidad secundaria a la epilepsia?. Este estudio de caso nos muestra la complejidad de nuestro cerebro y como las crisis epilépticas pueden provocar síntomas de tipo autista y generar déficits cognitivos en los niños y adolescentes. Los resultados del seguimiento neuropsicológico de D nos sugieren que el chico ha mejorado la mayoría de sus habilidades por lo que existía una capacidad de aprendizaje real. La falta de estimulación cuando era niño y el aumento de las crisis epilépticas han sido los dos factores que han influido en que el desarrollo cognitivo de D no haya ido acorde con su edad cronológica. De hecho, los resultados psicométricos sobre su capacidad intelectual verbal se sitúan dentro de una Discapacidad Intelectual leve.

La lectura de este caso puede ayudar al lector a tener una visión crítica de los diagnósticos que podemos encontrar en alguno de los casos que nos lleguen a consulta. No todos los diagnósticos son "puros", esto es algo que proporciona la experiencia y se va comprendiendo. En este sentido, cobra más sentido una visión transdiagnóstica de los trastornos mentales [11]. La conclusión es que no siempre sabemos la etiología de una patología y que desgraciadamente a veces el clínico se pierde en los diagnósticos cuando realmente lo necesario es tratar los síntomas. Las recomendaciones desde nuestro punto de vista neuroeducativo es que la evaluación neuropsicológica debe adaptarse a la persona según los déficits sensoriales que presente y que la intervención tendría que centrarse en las alteraciones neuropsicológicas, dando que independientemente del cuadro diagnóstico

los síntomas son similares.

7. Referencias

1. Wickens S, Bowden SC, D'Souza W. Cognitive functioning in children with selflimited epilepsy with centrotemporal spikes: A systematic review and metaanalysis. Epilepsia 2017.

2. Lai CLE, Lau Z, Lui SS, Lok E, Tam V, Chan Q, ... Cheung EF. Metaanalysis of neuropsychological measures of executive functioning in children and adolescents with high-functioning autism spectrum disorder. Autism Research 2017; 10(5): 911-939.

3. Lucchetti A, Tunney M, Scott MN. The Neuropsychological Profiles of Children with Autism Spectrum Disorder and Epilepsy. J Pediatr Epilepsy 2017; 6(01): 044-050.

4. Weber RJ, Gadow KD. Relation of psychiatric symptoms with epilepsy, asthma, and allergy in youth with ASD vs. psychiatry referrals. J Abnorm Child Psychol 2017; 45(6): 1247-1257.

5. Kenworthy L, Anthony LG, Naiman DQ, Cannon L, Wills MC, Luong-Tran C, ... Sokoloff JL. Randomized controlled effectiveness trial of executive function intervention for children on the autism spectrum. Child Psychol Psychiatry Review 2014; 55(4): 374-383.

6. Helmstaedter C, Loer B, Wohlfahrt R, Hammen A, Saar J, Steinhoff BJ, ... Schulze-Bonhage A. The effects of cognitive rehabilitation on memory outcome after temporal lobe epilepsy surgery. Epilepsy & Behavior 2008; 12(3): 402-409.

7. Yela M, Cordero A. Adaptación española de la escala de inteligencia de Wechsler para adultos. Editorial TEA. 1996. Madrid.

8. Henley NM. A psychological study ofthe semantics of animal terms. J Verbal Learning Verbal Behav 1969; 8: 176-184.

9. Rey A. Psychological examination of traumatic encephalopathy. Arch Psychol 1941; 28: 286-340.

10. Casals-Coll M, Sánchez-Benavides G, Quintana M, Manero RM, Rognoni T, Calvo L, ... Peña-Casanova J. Estudios normativos españoles en población adulta joven (proyecto NEURONORMA jóvenes): normas para los test de fluencia verbal. Neurología 2013; 28(1): 33-40.

11. Sandín B. Transdiagnóstico y psicología clínica: Introducción al número monográfico. Revista de Psicopatología y Psicología Clínica 2012; 17(3): 181-184.

Alteraciones neuropsicológicas en un caso de síndrome de "MELAS"

4

Beatriz Sánchez Leganés
Agustín Ernesto Martínez-González

1. Introducción

Las primeras descripciones de casos clínicos que hacen referencia a una patología del síndrome de "miopatía mitocondrial, encefalopatía, acidosis láctica y episodios tipo ictus (más comúnmente conocido por su acrónimo "MELAS") datan del año 1975, como son los estudios de Koenigsberger [1] y Shapira [2]. La primera vez que esta patología fue agrupada en el síndrome que constituye hoy en día, fue en el año 1984, y fue detallada por Pavlakis et al. [3], los cuales encontraron un nuevo síndrome clínico en dos de sus pacientes y en otros ocho de la literatura clínica médica. Estos pacientes tenían en común hallazgos clínicos, bioquímicos, radiológicos e histológicos claves que les permitieron distinguirse de otras dos enfermedades similares ya descritas en aquel momento: el síndrome de Kearns-Sayre (KSS) y la epilepsia mioclónica con fibras rojas rasgadas (MERRF). Las tres condiciones compartían fibras rojas rasgadas en la biopsia de músculo, lo cual es una característica patológica de las enfermedades mitocondriales. Sin embargo, se observaron rasgos clínicos distintivos que no compartían con otros síndromes. Por ello, los autores trataron de delinear los rasgos clínicos distintivos de sus pacientes, acuñando de esta manera el síndrome de MELAS.

Pavlakis y colaboradores definen este síndrome como una patología mitocondrial multisistémica [3]. Las miopatías mitocondriales se originan por mutaciones en genes del ADN nuclear o mitocondrial, que ocasionan trastornos del metabolismo oxidativo mitocondrial y afectación multisistémica. Dichas enfermedades mitocondriales pueden cursar con alteraciones cerebrovasculares que se clasificarían en tres tipos: MERRF (*myoclonicepilepsy and ragged-red fibers*), síndrome de Kearns-Sayre (*oftalmoplejía externa progresiva, degeneración retiniana y alteraciones de la conducción cardíaca*) y MELAS (*mitochondrialmyopathy, encephalopathy, lactic acidosis, stroke-likeepisodes*) [4]. En la Figura 1.se puede observar un resumen de las manifestaciones clínicas básicas dependiendo del tipo de síndrome mitocondrial.

Figura 1. *Manifestaciones clínicas básicas de los síndromes mitocondriales* [6]

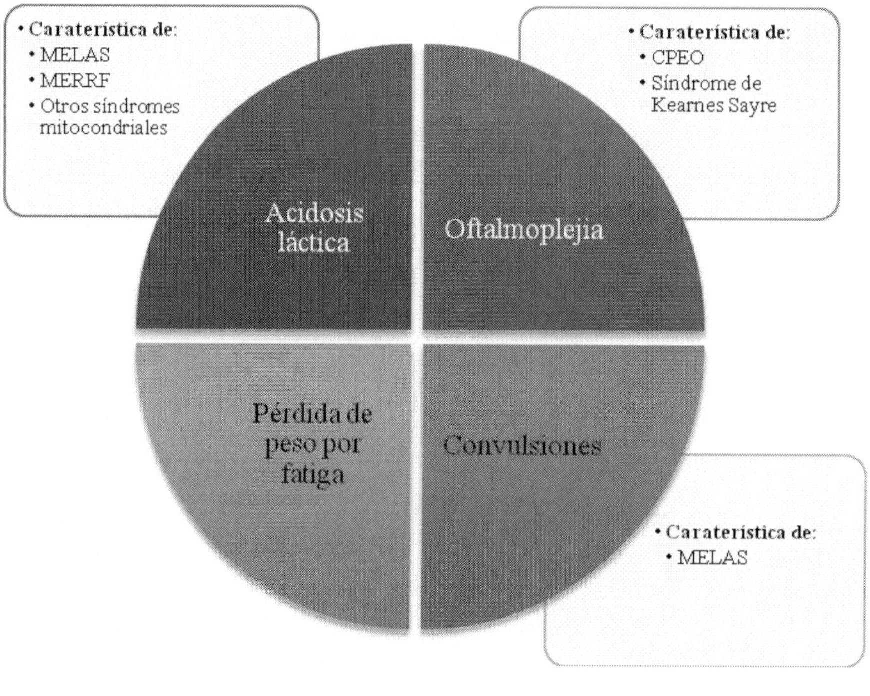

Por su parte, el síndrome de MELAS ha sido asociado a accidentes cerebrovasculares en edades previas a los 40 años, en los cuales se observa una encefalopatía caracterizada por crisis epilépticas focales o generalizadas, niveles altos de ácido láctico en el líquido cefalorraquídeo y fibras rojo rasgadas en la biopsia muscular [3]. Dicho síndrome se presenta con una incidencia de 16,3 de cada 100.000 casos de mutaciones mitocondriales [5].

Esta enfermedad está causada por diferentes mutaciones puntuales del ADN mitocondrial, cuya herencia es materna, siendo la más frecuente (80-85%) la que se localiza en posición

A3243G del ARNt$^{Leu(UUR)}$ del ADN mitocondrial (ADNmt) [7]. En los años 90, los investigadores Goto et al., [8] y Kobayashi et al., [9] describen una mutación en el ADNmt que afecta al gen que codifica la leucina ARNt (UUR) (ARNt^{LeuUUR}), en el cual se produce un cambio en la posición 3243 del nucleótido adenina (A) por guanina (G) (resultando A3243G) en el músculo de los pacientes con el síndrome de MELAS. El ARNt ^{LeuUUR}, también conocido como *MT-TL1*, está situado entre los nucleótidos 3230 y 3304 y es responsable de la decodificación de los codones UUR (siendo R igual a A o G). La mutación A3243G afecta a la estabilidad del reconocimiento de la estructura, la metilación, y aminoacilación de los codones del ARNt ^{LeuUUR}. Esto podría reducir el nivel funcional del ARNt ^{LeuUUR} que participa en el proceso de la síntesis de la proteína mitocondrial [10].

Posterior al descubrimiento de la mutación A3243G, se ha hallado un segundo tipo de mutación por sustitución de una timina (T) por una citosina (C) en el loci del nucleótido 3271 (resultando T3271C) en el ARNt ^{LeuUUR} del ADNmt. Por su parte, el segundo tipo de mutación más frecuente se da en los genes que codifican para el complejo I mitocondrial, como *ND5* gen. Aunque se han descubierto otro tipo de mutaciones de ADMmt causantes de este síndrome, la mutación A3243G es responsable de aproximadamente el 80% de los pacientes con MELAS; mientras que la mutación T3271C es la causante de aproximadamente un 7,5%. Hoy en día se desconocen algunas de las mutaciones implicadas en el establecimiento del síndrome, llegando a constatar hasta el 10% de los casos con MELAS. En la Tabla 1 se puede observar un resumen de los tipos de mutación y los porcentajes de aparición en este síndrome [10].

Tabla 1. *Resumen de los dos grandes grupos de mutaciones de ADN mitocondrial en MELAS* [10]

Gen	Mutación	Proporción de la población
MT-TL1 [*ARNt$^{Leu(UUR)}$*]	*3243 A > G*	*~80%*
	3271 T > C	
	3252 A > G	*~7.5%*
	3256 C > T	*< 5%*
	3260 A >G	
	3291 T > C	

	3302 A > G	< 10%
MT-ND5	13513 G > A 12770 A > G 13042 A > T 13045 A > C 13046 T > C 13084 A > T 13514 G > A 13528 A > G	< 10% < 5%

Para un correcto diagnóstico de este síndrome, es importante a tener en cuenta una serie de pruebas complementarias, a ser: a) analíticas, como la evidencia bioquímica de una disfunción mitocondrial (elevación de ácido láctico, piruvato y alanina en sangre y en LCR, aminoaciduria en orina y análisis de ADNmt en células sanguíneas); b) las pruebas de imagen, como son la TAC y RMN cerebral; c) técnicas histoquímicas que ponen de manifiesto la existencia de fibras rojas rasgadas que se corresponden con fibras musculares que presentan alteraciones en el número, disposición, forma y estructura interna de las mitocondrias; d) pruebas electroencefalográficas que demuestran la existencia de ondas lentas difusas o actividad epileptiforme; e) pruebas electromiográficas que son útiles para detectar las zonas más afectadas, que deben ser biopsiadas; y f) el estudio genético [7,10,11].

La presentación de los síntomas clínicos es muy variable en este síndrome y, en general, en todas las patologías mitocondriales (véase la Tabla 2). Por norma general, la sintomatología se presenta en la infancia o en un estadio temprano de la adolescencia, aunque puede aparecer cuando ésta se encuentra más avanzada, en la vida adulta [10].

Tabla 2. *Criterios diagnósticos determinantes y de apoyo del síndrome de MELAS* [12]

Criterios diagnósticos determinantes	Criterios diagnósticos de apoyo
Encefalopatía (demencia y/o convulsiones)	Dolor de cabeza recurrente
Episodios tipo ictus en edad temprana	Vómitos recurrentes
Evidencia de la disfunción mitocondrial	

(acidosis láctica o fibras rojas rasgadas
en la biopsia muscular)

Es muy importante realizar un buen diagnóstico diferencial en el que se descarten otras posibles causas de ictus isquémico en pacientes jóvenes como: arteriopatía (ateroesclerótica y no ateroesclerótica), migraña, trauma (disección, trombosis), trombosis venosa, enfermedades hematológicas (hiperviscosidad, coagulopatía, anemia), cardiopatía (fibrilación auricular, valvulopatía, tumores cardíacos, defectos septales auriculares y ventriculares, enferme- dad de Chagas), enfermedades pulmonares (tromboembolia pulmonar, malformación o fístula arteriovenosa, síndrome Rendu-Osler-Weber), otros fenómenos embólicos (embolia grasa y aérea) y otras [5]. Episodios similares al accidente cerebrovascular también pueden ser asociados con otros trastornos mitocondriales incluyendo la oftalmoplejíaprograseiva externa crónica (CPEO), síndrome Kearn-Sayre, síndrome de epilepsia mioclónica asociada a fibras rojas rasgadas (MERRF), síndrome de Leigh, neuropatía óptica, diabetes mellitus de herencia materna con o sin sordera, cardiomiopatía, etc. Además, se ha observado que algunos pacientes con MELAS presentan mutaciones en el ADN nuclear, como por ejemplo *POLG*, lo que conllevaría a cambios en el fenotipo típico. Por lo tanto, la historia familiar, las características clínicas y los datos de laboratorio son cruciales para orientar al profesional hacia el diagnóstico correcto [10].

Dado el carácter crónico, neurodegenerativo y grave de la enfermedad, con compromiso multisistémico, los pacientes afectados, a menudo, pueden precisar ingresos hospitalarios para el correcto manejo de cuadros de insuficiencia respiratoria, anormalidades metabólicas y alteraciones neurológicas que complican el curso de las miopatías mitocondriales. Howard et al [13] (24) recogen 11 pacientes con miopatías mitocondriales ingresados en UCI, siendo los principales motivos de admisión: a) la insuficiencia respiratoria secundaria a múltiples factores como debilidad muscular, aspiración, bronconeumonía y alteraciones del centro respiratorio; b) el estatus epiléptico secundario a infecciones intercurrentes o episodios tipo ictus, y c) trastornos metabólicos como la acidosis láctica que se desarrolla en las enfermedades mitocondriales debido al defecto metabólico en la cadena respiratoria y a la disminución de la capacidad del hígado para metabolizar el lactato en condiciones de acidosis grave [5]. Por lo tanto, hay una serie de elementos claves para el diagnóstico del síndrome que deben tomarse en consideración (véase Figura 2).

Figura 2. *Elementos clave para diagnosticar síndrome de MELAS* [14]

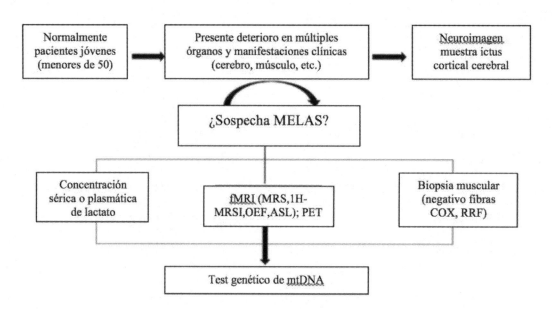

En cuanto a los hallazgos en neuroimagen en pacientes con MELAS, los estudios son escasos pero la mayoría encuentran áreas focales de necrosis cortical asociadas con atrofia cortical difusa en ambos hemisferios y en el cerebelo. Sin embargo, el tronco cerebral rara vez se encuentra afectado. También se ha encontrado en la progresión de algunos pacientes la presencia de atrofia cortical y de calcificaciones en los ganglios basales [15,16]. Lorenzoni et al., [10] recogen una serie de estudios de neuroimagen en los que se determinan las regiones más comúnmente alteradas. La mayoría de las lesiones se producen con mayor prevalencia en regiones corticales, y más raramente en el cerebelo o ganglios de la base. Estas lesiones cerebrales pueden ser unilaterales o bilaterales. Sin embargo, a diferencia de un ictus de carácter isquémico, estas áreas no se producen en un territorio vascular específico. En estudios angiográficos se observa que los vasos poseen flujo sanguíneo y, en determinadas ocasiones, se encuentran dilatados. Mediante la resonancia magnética cerebral se ha revelado que las lesiones en la fase aguda de la enfermedad comienzan en la región temporal de manera focal pero, en un tercio de los pacientes, se ha observado que en el transcurso de 2 a 3 semanas dichas lesiones pueden progresar a regiones parietales y occipitales. Esto demuestra que incluso después del episodio de ictus del proceso de la enfermedad sigue avanzando. De cualquier forma, el mecanismo exacto de evolución de las lesiones cerebrales en este síndrome es un gran desconocido hasta el momento [10].

Toda lesión cerebral conlleva un correlato neuropsicológico a nivel de proceso cognitivo. De esta manera, en los accidentes cerebro-vasculares isquémicos se suelen presentar unas manifestaciones clínicas como son la hemiparesia o la afasia. En el caso de los episodios tipo ictus del síndrome de MELAS se ha observado que pueden estar asociados a una deficiencia visual (que no sea hemianopsia), migrañas, dolor de cabeza, convulsiones (estado epiléptico no convulsivo, crisis parciales complejas repetitivas, convulsiones tónico-clónicas), ataxia (dificultad de coordinación de los movimientos), visión borrosa, alteración del estado de alerta fásico, apatía, deterioro cognitivo, demencia, estado de confusión, alucinaciones, psicosis, o incluso coma. Las manifestaciones que se presentan con mayor probabilidad son dolor de cabeza, psicosis, apatía, afasia y convulsiones. Otros posibles síntomas observables son desviación de la mirada, cambios del estatus mental, cambios conductuales, temblores, convulsiones, debilidad, trastornos sensoriales, visuales o auditivos [10,15]. En concreto, la apatía ha sido comúnmente definida como un trastorno de motivación, en la que ésta se encuentra disminuida, que se caracteriza por falta de iniciativa y espontaneidad, participación restringida en las interacciones y actividades sociales, menoscabo de los procesos cognitivos, y falta de respuesta emocional [16,18].

En un principio, se pensaba que constituía un síntoma dentro de otro tipo de cuadros. Sin embargo, en la actualidad existe evidencia científica que plantea la apatía como un síndrome independiente con una etiología diferente. Relacionando las áreas lesionales y la alteración cognitiva, la apatía se ha manifestado como un correlato de lesiones subcorticales del hemisferio derecho, en concreto de los ganglios basales y el cingulado anterior, los cuales están implicados en el circuito de la motivación [19]. Como ya se ha destacado anteriormente, la calcificación de los ganglios basales es una de las manifestaciones lesionales que puede ocurrir en MELAS [15-22] (véase la Figura 3 y 4).

Figura 3. *Calcificaciones en ambos globos pálidos* [21]

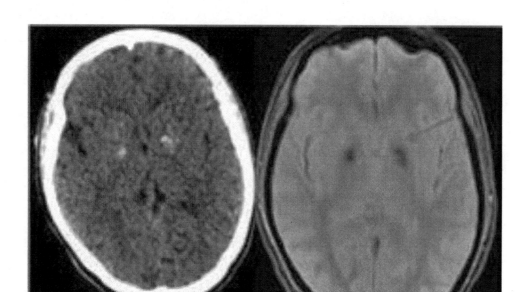

Figura 4. *Calcificación bilateral de ganglios basales (asterisco) e hipodensidad parieto-occipital izquierda (flechas)* [23].

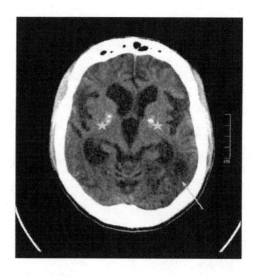

Otra de las lesiones comunes en MELAS anteriormente citada es la atrofia cortical difusa producto del ictus (véase la Figura 5).

Figura 5. *Las imágenes A, B y C hacen referencia al día 5 tras el ictus, y las imágenes D, E y F hacen referencia al día 12. Se observa una recanalización significativa (flechas y puntas de flecha)* [24].

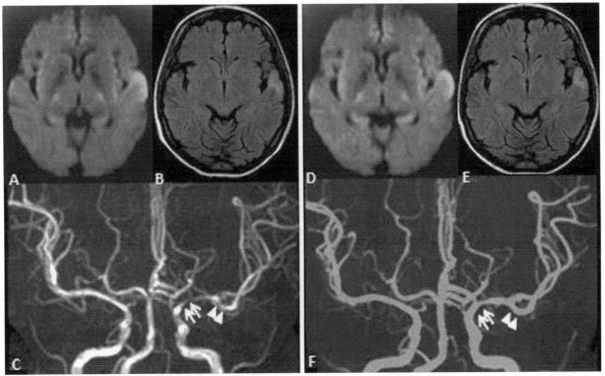

En concreto, la atrofia de la corteza prefrontal tiene repercusiones en los procesos cognitivos de nivel superior. La corteza prefrontal lateral juega un papel crítico en muchos de los procesos caracterizados como distintivos de la cognición humana, tales como el razonamiento, la planificación y la resolución de problemas. Realizando una división anatómico-funcional, la zona posterior de la corteza prefrontal lateral es la encargada de procesar la situación actual del individuo, mientras que la zona anterior prepara al individuo para situaciones futuras. Las zonas mediales reciben la información de ambas regiones, y son las encargadas de seleccionar los comportamientos que tengan en cuenta tanto las circunstancias actuales como los objetivos a largo plazo. De esta manera, los pacientes con una lesión en áreas frontales pueden presentar una conducta desorganizada, fácil distractibilidad, y pueden mostrar comportamientos que no son adecuados a su contexto [20].

Figura 6. *La imagen F de RMN muestra la resolución de la lesión pontina derecha tras tratamiento con L-arginina. La imagen G de la espectroscopia de resonancia magnética muestra un alto pico de lactato doble con un desplazamiento químico de 1,33 ppm adquirido en ganglios basales izquierdos* [26].

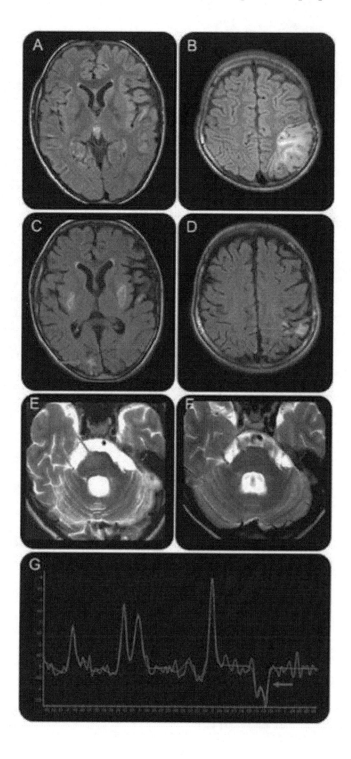

En cuanto al pronóstico de la enfermedad, no existe un tratamiento consensuado que sea efectivo para poder curarla [26]. Autores han señalado que la media de esperanza de vida es hasta los 34 años, estando la mortalidad asociada a complicaciones neurológicas, cardiacas, entre otras [27].

Por ello, diferentes investigadores han intentado hallar un tratamiento eficaz para paliar las consecuencias de este síndrome, sin encontrar un consenso entre ellos, ya que el desconocimiento que se posee el síndrome aún es muy notable. Sin embargo, estudios han encontrado un efecto positivo de la L-arginina en el tratamiento agudo del síndrome MELAS y en la prevención de la SLEs (acrónimo de episodios tipo ictus en inglés, "stroke-like episodes") tras los episodios de tipo ictus (véase Figura 4).

La L-arginina posee propiedades vasodilatadoras a través de su conversión en óxido nítrico. Sin embargo, la desregulación del flujo sanguíneo del síndrome de MELAS es compleja, ya que implica tanto la hipo como hiperperfusión . La L-arginina es también un precursor de creatina, la cual puede ser descarboxilada a agmatina (neurotransmisor), y se puede convertir en un Ketoglutarato, mejorando la cinética del ciclo del ácido tricarboxílico y la anaplerosiscelular [26].

En la actualidad hay una escasez de estudios sobre la evaluación neuropsicológica del síndrome de MELAS, así como los efectos de la intervención farmacológica y de la rehabilitación neuropsicológica en el síndrome de MELAS.

2. Objetivo

Dado que es el Síndrome de MELAS es una enfermedad descubierta recientemente, la mayoría de los estudios encontrados aportan datos descriptivos de diagnóstico y neuroimagen de muestras muy pequeñas o casos clínicos únicos. Por lo tanto, hay una inexistencia de estudios desde un abordaje neuropsicológico. Por ello, los objetivos del presente capítulo son: 1) aportar información neuropsicológica de un caso n=1 diagnosticado de síndrome de MELAS; y 2) realizar un diseño de intervención idiosincrático desde una perspectiva neuropsicológica.

3. Método

3.1. Descripción del contexto y del caso

El paciente H, es un varón de 41 años de edad, diestro, de origen español, que acude a consulta de manera autónoma por quejas en la toma de decisiones y percepción visual. H esta diagnosticado de síndrome de encefalomiopatía mitocondrial, acidosis láctica y episodios tipo ictus (MELAS). H ha sido ingresado varias veces por lesiones vasculares agudas en circunvolusiones frontales izquierdas. En las pruebas de neuroimagen se ha observado un infarto subagudo cortico subcortical e hipodensidad de sustancia blanca en territorio posterior. En la actualidad H presenta afasia.

H posee un nivel de estudios primario. Hasta el momento de detección de la enfermedad, ejercía la profesión de albañil. En la actualidad, se encuentra jubilado debido a la incapacidad para seguir realizando su trabajo. En cuanto a antecedentes familiares, no se ha encontrado ningún caso significativo que pueda ser relacionado con dicha enfermedad. Hoy en día, H vive con su padre mayor y su hermano debido a la dependencia provocada por el síndrome que sufre, que le provoca una importante falta de autonomía para realizar las actividades de la vida diaria. El tratamiento farmacológico actual del paciente para controlar las crisis convulsivas, cambios conductuales y demás efectos derivados la encefalopatía, consta de Esomeprazol, Ácido Valproico, Lamotrigina, Clonazepam, Quetiapina, Arginina y Omeprazol.

3.2. Materiales o Instrumentos

Debido al nivel de afectación cerebral derivado de la encefalopatía, se creyó conveniente explorar todas las funciones cognitivas. En primer lugar, se realizó una entrevista semiestructurada con el paciente y un familiar, a partir de la cual se eligieron las pruebas estandarizadas y pruebas actuariales no estandarizadas convenientes.

Dado el nivel y complejidad de los déficits de H, la mayoría de las pruebas administradas fueron no estandarizadas. Su alteración de la comprensión, apatía y discurso incoherente referente a las preguntas hechas, fueron varias de las limitaciones que imposibilitaron la administración de pruebas estandarizadas. Pese a ello, las pruebas estandarizadas elegidas para este caso fueron el *Galveston Orientarion and Amnesia Test* (GOAT) [28], y el *Token Test* [29].

Con la entrevista semiestructurada no estandarizada se buscó crear un primer acercamiento, en el cual se obtuviera la suficiente información del caso como para comenzar la evaluación. Con el GOAT se determinó su nivel de orientación en las dimensiones temporal, espacial y personal, al igual que el estado de la memoria. Con el Token Test se midió el nivel de comprensión verbal que tiene el paciente. Con las pruebas actuariales administradas se quería explorar las distintas funciones cognitivas en su nivel más básico, dado que el funcionamiento general de los procesos cognitivos se encuentro menoscabado, hasta el punto de no administración de pruebas estandarizadas. Las pruebas no estandarizadas que fueron administradas a H fueron: a) una tarea de rastreo visual, en la que debía encontrar el color azul (estímulo) entre un conjunto de otros colores (distractores); b) tarea de cancelación, en la que tenía que tachar los triángulos entre un conjunto de formas geométricas simples; c) una variante del *Test de aprendizaje auditivo verbal de Rey* [30], en la que se redujeron el número de palabras a recordar; d) tarea de memoria prospectiva, en la que se pedía al paciente un objeto y, al finalizar la sesión, debía pedirlo al evaluador; y e) tareas con fotografías de sus músicos favoritos, para que denominara cada uno, y con el mismo material se le decía uno de los nombres, para que discriminase entre varios de ellos.

3.3. Procedimientos

La evaluación se ha realizado en dos sesiones no consecutivas de una hora de duración cada una. Ambas se desarrollaron en la misma sala, el mismo día de la semana y a la misma hora, para evitar que ciertos sesgos (como la fatiga) pudieran alterar los resultados de la evaluación. La sala en la que se realizó es diáfana, con el mínimo número de ruidos y distractores posibles, para que los factores externos interfiriesen lo menos posible.

Como ya se ha dicho, la evaluación se dividió en dos sesiones. La primera consistió en la toma de contacto con el paciente y el familiar mediante la entrevista semiestructurada no estandarizada. Ésta se le aplicó para conocer información relevante del paciente y para guiar las siguientes sesiones de evaluación. La segunda sesión comenzó con una breve exploración de la orientación. Tras esto, se le aplicaron las pruebas estandarizadas y actuariales que se detallan en el apartado anterior.

Desde este punto, se seguirá viendo al paciente el mismo día de la semana y a la misma hora, siendo la sesión de una hora de duración, para empezar la aplicación del plan de intervención.

4. Resultados de la evaluación

Se le realizó una evaluación neuropsicológica en la cual se detectó un cuadro de deterioro cognitivo de perfil amnésico-agnósico-apráxico-disejecutivo con preservación de las actividades de la vida diaria. En una entrevista inicial, se observaron signos de falta de conciencia de los déficits, hipoacusia, descarrilamiento del discurso espontáneo y problemas para recuperar la palabra adecuada. En cuanto a la conducta durante la exploración, se muestra colaborador, aunque presenta una conducta apática a lo largo de esta. La orientación personal, espacial y temporal es adecuada. Se observaron indicios de enlentecimiento en el procesamiento de la información (bradipsiquia), aunque mantuvo la atención durante la evaluación. Presentó dificultades significativas en la atención selectiva y en el rastreo visual, así como una alteración de la capacidad para alternar la atención. La amplitud atencional estaba disminuida en comparación con su grupo de edad y nivel educativo. No se observaron negligencias del campo visual. En cuanto al lenguaje, cabe destacar que los problemas encontrado en aquel momento no se debieron a déficits de naturaleza fonatoria ni articulatoria. El discurso carecía de fluidez y era desenhebrado, ya que perdía el hilo del mismo. Tanto la fluidez de evocación semántica como la de evocación fonológica se encontraron alteradas. En denominación no presentó alteraciones significativas para acceder al almacén léxico. Por su parte, se observaron alteraciones en la repetición verbal y la comprensión incluso para órdenes simples. A su vez, la comprensión lectora se encontró alterada. En cuanto a gnosias y praxias, no se apreciaron alteraciones en el reconocimiento de figuras. Mostró una severa dificultad para imitar posturas con ambas manos. No fue capaz de copiar dibujos complejos ni en perspectiva, mostrando un fenómeno de closing-in. En lo relativo a memoria, se encontraron alteraciones moderadas en el almacenamiento y recuerdo inmediato de la información verbal recién adquirida, estando posiblemente relacionado con el déficit en la amplitud atencional. En la subprueba de historias, presentó fabulaciones en la narración. No se observó un beneficio del aprendizaje por repetición, que se encuentra menoscabado. Para la recuperación demorada de la información verbal necesitó claves, mostrando una pérdida de información. También presentó dificultades a la hora de aprender y retener información visual. Por último, en la exploración de las funciones ejecutivas se observó una reducción de la iniciación espontánea de la conducta. La monitorización de la conducta en función a los resultados no fue la adecuada, al no percibir sus errores. A su vez, no presentó una conciencia adecuada de sus limitaciones. La capacidad para la abstracción de encontró alterada, así como la elaboración de planes y la selección espontánea de estrategias cognitivas, que resultó poco eficaz para resolver los problemas propuestos. En general, se apreciaron dificultades para realizar de forma autónoma las actividades instrumentales de la vida diaria (necesidad de supervisión en tareas como toma de medicinas, realización de tareas domésticas, orientación en el espacio, signos apráxicos para vestirse, etc.)

La conducta de H se engloba en un cuadro apático, por lo que no presenta ninguna iniciativa espontánea a la hora de comenzar una conversación o cualquier actividad. Se observa durante la evaluación neuropsicológica que el deteriorado estado cognitivo del paciente limita en gran medida la evaluación mediante pruebas escandarizadas, destacando grandes problemas en la comprensión de oraciones complejas y simples. La evaluación se ha dividido en ocho áreas que se detallan los síntomas clínicos a nivel descriptivo:

En el área de la orientación, H presenta una desorientación temporal, espacial y personal. Es capaz de determinar la ciudad en la que vive, pero no logra deducir dónde se encuentra en cada momento, no sabe en qué día, mes y año. Todo ello puede ser derivado de la lesión difusa que le han generado los episodios tipo ictus.

En cuanto a la atención, el nivel de arousal del paciente es el adecuado, no observándose en ningún momento somnolencia durante la evaluación. La capacidad de atención sostenida se encuentra deficitaria. Durante la evaluación ha presentado momentos de fatiga, que comunicaba mediante la expresión "tanta charla ya, hombre", tras la cual permanece varios minutos en silencio. No ha sido capaz de realizar tareas de cancelación ni de rastreo visual.

En el área del lenguaje se observa una alteración en la comprensión verbal, ya sea con oraciones simples o complejas. En el *Token Test* [28] no fue capaz de completar la primera categoría de ítems sencillos. En cuanto al lenguaje expresivo, presenta un habla narrativa vacía, con un discurso incoherente. A su vez, presenta ecolalia, que se observa en la repetición de sus propias frases. Dichas frases son inconexas y carecen de sentido en un discurso conjunto. No es capaz de denominar dibujos, así como repetir palabras. Estas alteraciones pueden ser debidas a la afectación frontal izquierda y parieto-temporal bilateral.

En el área de la memoria, la memoria retrógrada al diagnóstico de la enfermedad se encuentra preservada, ya que relata hechos que le ocurrieron en el pasado (los cuales han sido confirmados por su familiar). La memoria a corto y largo plazo se encuentra deficitaria. Es capaz de recuperar eventos que le han ocurrido en ese día o semana, pero no en su totalidad. A su vez, la capacidad de memoria prospectiva está gravemente alterada.

En cuanto a los procesos visoperceptivos y visoespaciales, éstos no pudieron ser evaluados en profundidad ya que no ejecuta órdenes verbales de copia o evocación de figuras. Tampoco fue capaz de discriminar entre figuras simples, lo que, por ejemplo, puede ser debido a problemas de comprensión, visoperceptivos, o a la apatía.

El área de las funciones ejecutivas se encuentra gravemente alterada. No se observa ninguna capacidad prospectiva en la que se planeen acciones en un futuro próximo. Existe un déficit en la secuenciación y planificación de actividades, tanto simples como complejas. Por otra parte, se encuentra impulsivo y en ocasiones, muestra gestos de agresividad, sobre todo cuando se siente fatigado. De cualquier forma, debido al gran déficit en la comprensión verbal y la apatía no se ha podido profundizar en cuestiones como la abstracción o el razonamiento lógico.

En el área de las praxias, se ha observado una capacidad para imitar movimientos simples (tales como señalar) y ejecutar algunas órdenes dadas verbalmente (levantar el brazo o cerrar el puño). Se observan alteraciones a la hora de ejecutar movimientos más complejos y que requieren una secuenciación motora más elaborada, tales como vestirse o realizar las tareas de aseo personal. En este caso, si se le proporciona una guía verbal externa que le vaya diciendo lo que tiene que hacer en cada momento su conducta mejora. Debido a la apatía, H muestra un patrón de adinamia y amimia. De manera espontánea, no es capaz de ejecutar ninguna conducta motora, pese a que la marcha es autónoma, es totalmente dependiente para la ejecución de cualquier movimiento complejo.

En cuanto a afecto y emoción, como ya se ha dicho anteriormente, H se muestra apático, por lo que no expresa ninguna emoción mediante la gestualidad de la cara. No se ha podido explorar aspectos como los síntomas depresivos dado a la incapacidad de verbalizar en un discurso coherente las preguntas complejas realizadas por el profesional. En las conversaciones con el profesional en ningún momento ha incluido en su discurso referencias hacia emociones y sentimientos del tipo "estaba triste" o "en ese momento me alegré".

5. Descripción del tratamiento

Una vez realizada la evaluación y conociendo las capacidades cognitivas que H posee, se plantea el programa de intervención que se llevará a cabo. La terapia neuropsicológica tendrá una frecuencia de tres sesiones a la semana, siendo de una hora de duración. Basándonos en el carácter neurodegenerativo de la enfermedad, no se establecerá un tiempo máximo de tratamiento. La terapia neuropsicológica incluye actividades de mayor a menor complejidad, siendo el criterio de aplicación la funcionalidad y que el paciente las pueda realizarlas con éxito de forma creciente.

En las primeras sesiones se plantean tareas de estimulación cognitivas con el fin de evitar o retrasar (en la medida de lo posible) el menoscabo de las capacidades cognitivas. De este modo, los aspectos principales que se abordarán en primer lugar en el tratamiento son la orientación, atención, la apatía y las funciones ejecutivas. Se han elegido estos procesos cognitivos ya que son los que más repercuten y merman a la hora de realizar sus actividades de la vida diaria. Nuestro objetivo último es que la calidad de vida del paciente sea la mejor posible, intentando estabilizar el patrón de deterioro de la enfermedad el mayor tiempo posible. Por otra parte, en la intervención se destaca el papel que ejerce la familia en el proceso de rehabilitación. La familia es un pilar muy importante ya que, en definitiva, son los que más tiempo están con el paciente. Se enseñan técnicas y estrategias adecuadas a los familiares con el fin de aumentar la generalización de lo aprendido y, en definitiva, la validez ecológica de nuestro plan de intervención. Por ello, se trabaja conjuntamente con la familia y el paciente, para así aumentar la efectividad de nuestro programa.

En primer lugar, se realizarán tareas de orientación temporal, espacial y personal. Para ello, se realizarán preguntas del tipo ¿dónde estamos ahora mismo?, ¿dónde vives?, ¿en qué país estamos?, ¿qué día es hoy?, ¿de qué mes?, ¿y el año?, ¿la estación del año?. Para ello, nos apoyaremos de recursos visuales, como son una hoja con los días de la semana y los meses del año, que mostraremos al paciente si no es capaz de expresar el día por sí mismo. A su vez, le pediremos que nos indique diferentes partes de su cuerpo, aumentando la complejidad introduciendo la lateralidad. Es decir, en un principio se le preguntaría ¿dónde está tu mano?, ¿y tu pierna?, tras el cual se le preguntaría ¿cuál es tu mano derecha/izquierda?, ¿y tu pierna derecha/izquierda?. Dedicaremos el tiempo de la sesión que sea necesario, hasta que se encuentre más orientado.

De manera paralela, se trabaja con la apatía emocional. La capacidad de formular metas y de superación, se presenta como un factor determinante para la evolución de la persona afectada. En los casos en los que la apatía está presente, esta implicación no existe y por lo tanto, pone en riesgo todo el proceso de rehabilitación. Por ello, es importante comenzar la intervención con este constructo. Como todos los trastornos, existen diferentes niveles de afectación. H presenta un nivel grave de apatía, caracterizada por mutismo acinético, amimia y adinamia. Es incapaz de programar y regular cualquier actividad, incluso el autocuidado y la ingesta. Para poder abordarla, lo recomendado sería, en primer lugar, hacer consciente al paciente de sus déficits a medida que van pasando las sesiones. Para trabajar la apatía, se comenzará con el establecimiento de un programa de rutinas, en las cuales se incluyan actividades motivadoras, estructuradas, cuya complejidad sea creciente de manera paulatina, supervisada en todo momento por una persona que le ofrezca guías verbales simples si éste las precisa. Por ejemplo, se pueden introducir en su programa actividades del hogar, en las cuales se dé una responsabilidad directa al paciente (actividades de autocuidado e higiene, o labores domésticas). Por otro lado, se enseña al paciente y a la familia estrategias para solventar la falta de iniciativa y el desarrollo de acciones, como por ejemplo planes de acción prefijados, listados de actividades, etc. Un programa de actividades ofrece una estructura clara, lo que puede provocar un cambio significativo y la aparición de conductas adecuadas. El refuerzo es una parte indispensable para rehabilitar este tipo de alteración. En un principio, el refuerzo será contingente a cualquier actividad o muestra de iniciativa. Cuando la persona haya comenzado a tener conductas espontáneas el refuerzo, éste le será otorgado sólo ante conductas más complejas.

A su vez, se adoptarán estrategias de directivas, segmentación de tareas y encadenación de tareas, que serán enseñadas del mismo modo a la familia del paciente. La actitud directiva apoyada en técnicas de comunicación cooperativa [30] implica dirigirse al paciente de forma clara y sencilla, explicando lo que pretendemos a corto plazo; por ejemplo "Vamos a hacer la compra", "Vamos a comer". Así mismo, se realizarán preguntas cerradas, a ser posible, de dos o tres opciones, por ejemplo: ¿quieres comer ensalada o pasta?. En cuanto a la técnica de segmentación, se desglosará cada actividad en pequeños pasos acompañados de instrucciones referidas a la misma y a las dificultades que pueden surgir. Por ejemplo, si vamos a realizar la compra, desglosar en pasos: primero hacemos la lista y revisamos qué nos falta, guardamos la lista, cogemos el abrigo, la cartera, las llaves, salimos de casa, vamos por tal calle, llegamos, revisamos la lista, pensamos por dónde comenzar, seguimos un orden, etc. Por último, la técnica de encadenación de tareas consistirá en unir una serie de conductas que pueden estar asociadas de manera natural (ducharse, vestirse, preparar el desayuno y tomar la medicación), lo que evitará que se produzcan parones en la actividad, permitiendo que se reduzca el número de conductas que se tienen que iniciar por una sola secuencia de conductas.

Las tareas anteriormente desarrolladas también son ejemplo de actividades en las que se rehabilitan las funciones ejecutivas que, en este caso, son objeto de tratamiento. Es importante destacar que en cualquier actividad participan diferentes procesos cognitivos y que, cambiando las instrucciones de la misma, se puede cambiar el proceso cognitivo a trabajar. Para ello, trabajaremos de manera creciente. En un primer momento, se plantearán tareas simples para que el paciente las desglose, o bien se dará la secuenciación y el paciente deberá ordenarla de la manera correcta.

De manera global, en todas las sesiones se seguirán una serie de pautas que ayudarán al paciente a llevar a cabo lo que se le pide, teniendo en cuenta su alteración en la comprensión del lenguaje. Para ello, se le presentará la información con ejemplos por tantas vías como sea posible (verbal, visual, gestual); enfatizando la vía por la que mejor comprenda; el discurso será realizado con frases sencillas; le daremos una explicación diferente y más sencilla si no ha comprendido una de nuestras frases.

El objetivo de cada una de las sesiones es que el paciente consiga realizar las tareas propuestas, independientemente del tiempo que tarde. Es necesario darle el tiempo suficiente ya que, en este caso en concreto, está presente una marcada bradipsiquia, por lo que tardará más en llegar al razonamiento adecuado. En el hipotético caso de que se observasen mejoras o estabilización de los déficits en estos constructos, los cuales se plantean como fundamentales para la realización de las actividades de la vida diaria, se comenzaría a trabajar otros procesos cognitivos, como por ejemplo la memoria, sin dejar de trabajar con los primeros.

6. Discusión

En la actualidad, el síndrome de MELAS sigue siendo un gran desconocido para los profesionales del ámbito de la salud. Dada la gran variabilidad de síntomas que puede presentar cada uno de los pacientes, muy pocos son los estudios con una muestra amplia de sujetos, siendo la mayoría casos clínicos únicos como el presente trabajo.

Aunque presente capítulo muestra las dificultades por parte del clínico para realizar una evaluación neuropsicológica. El capítulo muestra una evaluación descriptiva del estado cognitivo del paciente, evidenciándose deterioro cognitivo, disfunción ejecutiva, etc. Por último, se aborda un modelo de intervención neuropsicológica basada en los síntomas más agudos. Futuros investigadores deberán indagar en los déficits neuropsicológicos y analizar los efectos de la intervención neuropsicológica.

7. Referencias

1. Koenigsberger MR, Pellock JM, DiMauro S, Eastwood A. Juvenile mitochondrial myopathy, short stature and lactic acidosis: a clinical, biochemical, and ultrastructural study (Abstract #80). In: Fifth Annual Meeting of the Child Neurological Society. 1976; Monterey, CA.

2. Shapira Y, Cederbaum SD, Cancilla PA, Nielsen D, Lippe BM. Familial poliodystrophy, mitochondrial myopathy, and lactate acidemia. Neurology 1975;25(7):614-21. doi:10.1212/WNL.25.7.614

3. Pavlakis SG, Phillips PC, DiMauro S, De Vivo DC, Rowland LP. Mitochondrial myopathy, encephalopathy, lactic acidosis, and stroke- like episodes: a distinctive clinical syndrome. Ann Neurol 1984;16:481-8

4. Gómez-Seijo A, castro MJ, Pastor JA. MELAS: claves del diagnóstico y tratamiento en la Unidad de Cuidados Intensivos. Med Intensiva 2008;32(3):147-50

5. Schaefer AM, McFarland R, Blakely EL, He L, Whittaker RG, Taylor RW, et al. Prevalence of mitochondrial DNA disease in adults. Annals of neurology 2008; 63(1): 35-9.

6. Keilland E, Rupar CA, Prasad AN, Tay KY, Downie A, Prasad C.The expanding phenotype of MELAS caused by the m.3291T N C mutation in the MT-TL1 gene.Molecular Genetics and Metabolism Reports 2016;6:64–69

7. Coelho-Miranda L, Playan A, Artuch R, Vilaseca MA, Colomer J, Briones P, et al. Encefalopatía mitocondrial, acidosis láctica y accidentes cerebrovasculares (MELAS) en edad pediátrica con la mutación A3243G en el gen ARNtLeu(UUR) del ADN mitocondrial. Rev Neurol 2000;31:804-11

8. Goto YI, Nonaka I, Horai S. A mutation in the tRNA(Leu)(UUR gene associated with the MELAS subgroup of mitochondrial encephalomyopathies. Nature 1990;348(6302):651-3. doi:10.1038/348651a0

9. Kobayashi Y, Momoi MY, Tominaga K, Momoi T, Nihei K, Yanagisawa M et al.. A point mutation in the mitochondrial tRNA(Leu)(UUR) gene in MELAS (mitochondrial myopathy, encephalopathy, lactic acidosis and stroke-like episodes). Biochem Biophys Res Comm 1990;173(3):816-22. doi:10.1016/S0006-291X(05)80860-5

10. Lorenzoni PJ, Werneck LC, Kamoi CS, Soares CE, ScolaRH.When should MELAS (Mitochondrial myopathy,Encephalopathy, Lactic Acidosis, andStroke-like episodes) be the diagnosis? ArqNeuropsiquiatr 2015;73(11):959-967

11. Cabello A, Navarro C, Ricoy JR. Alteraciones morfológicas de las miopatías mitocondriales. RevNeurol 1998;26Supl 1:S44-9.

12. Hirano M, Ricci E, Koenigsberger MR, Defendini R, Pavlakis SG, DeVivo DC. Melas:an original case and clinicalcriteriafor diagnosis. Neuromuscul Disord1992; 2 (2): 125-35.

13. Howard RS, Russell S, Losseff N, Harding AE, Morgan Hughes J, Wiles CM. Management of mitochondrial disease on an intensive care unit. Q J Med 1995; 88:197-207.

14. Wang YX, Le WD. Progress in Diagnosing Mitochondrial Myopathy, Encephalopathy, Lactic Acidosis, and Stroke- like Episodes. Chin Med J 2015;128:1820-5.

15. Finsterer J.Stroke and Stroke-like Episodes in Muscle Disease.The Open Neurology Journal 2012;6:26-36

16. Tschampa HJ, Urbach H, Greschus S, Kunz WS, Kornblum C. Neuroimaging characteristics in mitochondrial encephalopathies associated with the m.3243A>G MTTL1 mutation. J Neurol 2013; 260(4):1071-80. doi:10.1007/s00415-012-6763-4

17. Tanahashi C, Nakayama A, Yoshida M, Ito M, Mori N, Hashizume Y. MELAS with the mitochondrial DNA 3243 point mutation: a neuropathological study. ActaNeuropathol 2000;99(1):31-8. doi:10.1007/PL00007403

18. MarínRS. Differential diagnosis and classification of apathy. Am J Psychiatry 1990; 147 (1):22–30.

19. Douven E,Schievink S, Verhey F, van Oostenbrugge R, Aalten P, Staals J,KöhlerS. The Cognition and Affect after Stroke - a Prospective Evaluation of Risks (CASPER) study: rationale and design. BMC Neurology 2016; 16:65.

20. Nee DE, D'Esposito M. The hierarchical organization of the lateral prefrontal cortex. eLife 2016; 5.

21. Padín CE, Zirulnik ER, Abraham CR, Gonzalo E. Encefalopatía mitocondrial, acidosis láctica y episodios de accidentes cerebrovascular, síndrome de MELAS. Reposte de un caso clínico. GacMed Bol 2015; 18(1).

22. Lorenzoni PJ, Scola RH, Kay CS, Arndt RC, Freund AA, Bruck I. MELAS: clinicalfeatures, musclebiopsy and molecular genetics. Arq Neuropsiquiatr 2009;67(3A):668-76.doi:10.1590/S0004-282X2009000400018

23. Windpessl M, Müller P,Wallner M. Truth is a daughter of time: a case of MELAS diagnosed 25 years after initial manifestation. OMCR 2014; 5. doi:10.1093/omcr/omu010

24. Yoshida T, OuchiA, Miura D, Shimoji K, Kinjo K, Sueyoshi T, JonosonoM, Rajput V.MELAS and Reversible Vasoconstriction of the Major Cerebral Arteries Intern Med 2013;52:1389-1392. doi: 10.2169/internalmedicine.52.0188

25. Siddiq I, Widjaja E, Tein I.Clinical and radiologic reversal ofstroke-like episodes in MELAS with high-dose L-arginine. Neurology 2015; 85.

26. Klopstock T, Jaksch M, Gasser T. Age and cause of death in mitochondrial diseases. Neurology 1999; 53:855-7.

27. Levin HS, O'Donnell VM, Grossman RG. The Gavelston orientation and amnesia test. A practical scale to assess cognition after closed head injury. J NervMent Dis 1979; 167:675-684.

28. De Renzi E, Vignolo LA. The Token test: a sensitive test to detect receptive disturbances in aphasics. Brain 1962; 85: 665-78.

29. Li R, Singh M. Sex differences in cognitive impairment and Alzheimer's disease. Front Neuroendocrinol 2014; 35(3):385–403. http://dx.doi.org/10.1016/j.yfrne.2014.01.002

30. Bilbao A, Díaz, JL. Guía de manejo cognitivo y conductual de personas con daño cerebral. Colección Manuales y Guías. 2008; Serie Dependecia, nº 32004. Edic. IMSERSO (Madrid)

Evolución del daño cerebral en un paciente tras un infarto isquémico parietal posterior

5

Verónica García Fernández

1.Introducción

El Ictus es la principal causa de Daño Cerebral Adquirido (DCA en adelante). Se produce por la interrupción del flujo sanguíneo en alguna zona del cerebro, que provoca la pérdida de alguna capacidad asociada a esas zonas del cerebro.

Se distinguen dos tipos de ictus: 1) Los isquémicos, producidos por la obstrucción de vasos sanguíneos, que impiden el riego en una parte del cerebro; y 2) Los hemorrágicos, causados por la rotura de ramas arteriales y la consiguiente hemorragia cerebral. Se producen con menor frecuencia pero tienen una tasa de mortalidad mayor [1].

La Organización Mundial de la Salud (OMS en adelante) sitúa la incidencia promedio mundial de la enfermedad en alrededor de 200 casos nuevos por cada 100.000 habitantes. Sin embargo, numerosos estudios epidemiológicos realizados han puesto de manifiesto la existencia de marcadas diferencias en la incidencia, y ésta es más elevada en países del norte de Europa, como Finlandia, donde se presentan 270 casos nuevos por cada 100.000 habitantes/año, que en el sur de Europa, con 100 casos nuevos por cada 100.000 habitantes/año en países como Italia o Portugal [2].

La incidencia global en España no se conoce con precisión, estimándose en 150-250 casos por 100.000 habitantes/año. Las tasas se multiplican por 10 en la población mayor de 75 años, siendo la incidencia acumulada hasta los 65 años del 3%, y aumentando hasta el 24% en los mayores de 85 años.

La tasa cruda de mortalidad en España es de 95 por 100.000 habitantes/año, mayor en mujeres que en hombres y se encuentra en posiciones intermedias en comparación con el resto de países occidentales. La tasa estandarizada por 1000 habitantes es de 0.460 casos, existe variabilidad llamativa entre las comunidades autónomas [3].

En los últimos años se ha conseguido un descenso gradual de la mortalidad por ictus gracias al desarrollo de nuevas estrategias terapéuticas y preventivas.
En cambio, se está observando un leve ascenso en la incidencia explicado principalmente por el envejecimiento de la población.

El ictus es la 1ª causa de mortalidad en mujeres y la segunda de mortalidad específica en general. Un mayor conocimiento de la fisiopatología del ictus, la implantación del código ictus, las unidades de ictus, los tratamientos de repercusión y el tratamiento preventivo y de rehabilitación, han permitido reducir de manera muy importante la mortalidad y las secuelas [4].

Europa se adelantó y creó las primeras unidades especializadas de ictus. Primero se formaron equipos multidisciplinarios intrahospitalarios que se ocupaban de la 628 atención de estos enfermos, luego se derivaron un número de camas hospitalarias para estos pacientes; pero desde 1990 proliferan las Unidades de ictus como un nuevo concepto de tratamiento intensivo de las enfermedades cerebrovasculares [5].

En la fase aguda de la enfermedad es difícil determinar el grado de recuperación funcional del paciente a largo plazo, aunque hay escalas que facilitan un pronóstico. Así, en los pacientes que sobreviven a un ictus, hasta el 45% presentan hemiparesia como secuela, hasta un 15% afasia, el 20% no podrán caminar, el 30% sufre de depresión o deterioro cognitivo y entre el 20 y 55% precisarán de ayuda parcial o total [3].

El comportamiento actual de las enfermedades cerebrovasculares y los datos estadísticos nos permiten predecir que el problema será cada día más serio. Actualmente, las enfermedades cerebrovasculares son la primera causa de muerte en muchos hospitales de importancia del país [5].

2.Objetivo

En el presente capítulo se presenta la evaluación neuropsicológica de una persona con daño cerebral y su evolución a corto plazo tras la rehabilitación neuropsicológica.

3. Método
3.1. Descripción del contexto y del caso
Varón de 73 años de edad, casado y con 4 hijos. Sin estudios superiores. Dominancia manual derecha, sin antecedentes de problemas psicológicos ni neurológicos conocidos, sin alergias conocidas, con hipertensión arterial, no diabetes mellitus (DM en adelante). De profesión peletero, aprendió a leer tarde (con 9 años de edad) ya que vivía en un pueblo y no estaba escolarizado, aspecto que tendremos en cuenta durante toda la evaluación ya que nos comenta que nunca ha tenido muchas facilidades para leer y que siempre le ha costado mucho esfuerzo. Por tanto, valoraremos esto para no obtener conclusiones erróneas durante nuestra evaluación.

Quien, el día 12 abril de 2015, su familia y él mismo comienzan a ver como no habla bien y él tiene quejas de acúfenos y cefaleas con pérdida de audición. Acuden rápidamente al hospital. Allí le hacen una RM craneal y en ella se observan áreas de alteración de señal en secuencias TRlargo, con aspecto de distribución territorial, afectando a las circunvoluciones de la transición parietotemporal izquierda, territorio de ramas posteriores de la arteria cerebral media izquierda, con aspecto de infarto subagudo. Después de varias pruebas se establece como conclusión que existe una lesión compatible con infarto isquémico establecido parietal posterior en territorio de ACM izquierda. Se observa cierto efecto masa, por edema, y la extensión máxima de la lesión, es de aproximadamente, 5 cm.

El ictus le provocó aparentemente no le provocó ninguna dificultad física ya que podía realizar las mismas funciones que antes del ictus, incluso como él nos comenta, aunque ya está jubilado, sigue realizando trabajos de peletero de vez en cuando y realiza las mismas tareas en casa y fuera de ella que antes. Del mismo modo, y según nos cuenta, tampoco le provocó problemas de lenguaje permanentes siendo capaz en todo momento de hablar perfectamente y sigue siendo totalmente independiente para las actividades de la vida diaria. Sin embargo, acude a la Clínica por dificultades anómicas que antes no tenía y que pasaremos a comentar en el apartado siguiente.

Para la evaluación hemos realizado un pretest-postest en funciones neuropsicológicas, siendo la primera valoración el 7 de diciembre del 2015 y la última el 23 de Julio del 2016 a fin de comprobar si la intervención ha sido efectiva.

Evolución

El paciente acude a la clínica alegando únicamente algún problema de anomia tras sufrir el ictus. El paciente comenta que "hay palabras que me cuestan y no me salen" lo cual pone de manifiesto la existencia de una anomia ya que ésta se caracteriza por la incapacidad o la dificultad de reconocer o recordar los nombres de las cosas.

Después de realizar una evaluación neuropsicológica se observa que las dificultades no sólo se reducen a eso, sino que el ictus también le provocó ciertos daños en sus funciones cognitivas, encontrándose problemas de memoria y atención, así como de funciones ejecutivas y frecuentes parafasias en el lenguaje.

Los arriba mencionados problemas de memoria que se encuentran afectados principalmente a la memoria de trabajo, La cual se define como la habilidad para mantener y manipular información durante un breve período de tiempo sin la presencia del estímulo, permitiendo procesar de forma simultánea la misma u otra información. La utilizamos para mantener dígitos, palabras, etc. en nuestra mente durante un corto espacio temporal, desempeñando un papel central en la organización de la conducta. La MT es básica para el aprendizaje, el razonamiento y la comprensión.

Así mismo, las funciones ejecutivas se han definido, de forma genérica, como procesos que asocian ideas simples y las combinan hacia la resolución de problemas de alta complejidad. Así, términos como 'funcionamiento ejecutivo' o 'control ejecutivo' hacen referencia a una serie de mecanismos implicados en la optimización de los procesos cognitivos para orientarlos hacia la resolución de situaciones complejas [6]. Esto está relacionado con la memoria de trabajo ya que ésta está integrada en estos procesos junto con la orientación y adecuación de los recursos atencionales, la inhibición de respuestas inapropiadas en determinadas circunstancias y la monitorización de la conducta en referencia a estados motivacionales y emocionales del organismo.

El daño en la memoria de trabajo se evidencia en pruebas que explicaremos después como son letras y números o dígitos del WAIS. El daño en las funciones ejecutivas se presenta de manera muy llamativa cuando le pedimos que organice ordenadamente una serie de escenas de manera que cuenten una historia. Aquí vemos claramente sus problemas para realizarlo. Tarda mucho tiempo y no termina de colocarlas bien. Cuando le preguntamos si está seguro nos dice que sí y nos cuenta su historia de manera que para él tiene sentido, pero no es la forma correcta ni la más coherente. Cuando le cambiamos el orden y se lo ponemos bien preguntándole si no tendría más sentido de esa manera, nos dice que puede ser pero continúa defendiendo que su forma también sería correcta.

Además, en un primer momento, el paciente y la familia no son conscientes de esas dificultades (anosognosia). La anosognosia (ausencia de conciencia de enfermedad) se produce con mucha frecuencia en el paciente con ictus; sin alteraciones de lenguaje y puede suponer una interferencia grave en su capacidad de decisión solo en lo que atañe a la enfermedad. Esto se observa cuando se habla con el paciente acerca de los efectos que ha tenido el ictus en su vida ya que según él nos cuenta, no ha tenido ningún tipo de efecto y él se ve igual que antes. Eso mismo piensa su familia quienes sólo creen que ahora le cuesta algo más que le salgan las palabras (la anomia antes comentada) pero no creen que haya sufrido ningún tipo de consecuencia más. Poco a poco esto va cambiando y tanto él como su familia comienzan a ser conscientes que hay dificultades más allá de las que se podían ver a simple vista.

Durante la estancia en la clínica se ha observado una mejoría tanto a nivel de sus problemas de anomia, así como en la expresión del lenguaje. Estos problemas de lenguaje los observábamos en sus frecuentes parafasias que no ocurrían durante una conversación, pero sí eran llamativas cuando le pedíamos que nombrase objetos que le enseñábamos en fotos como ocurría en el Test de Denominación de Boston.

Las parafasias son un trastorno del lenguaje que consiste en hablar sustituyendo fonemas y palabras por otras incorrectas. Se usan palabras inventadas (neologismos) o se habla con rodeos para expresar un concepto (al no encontrar la palabra adecuada). Hay distintos tipos. Las parafasias verbales semánticas que se dan cuando la palabra diana se sustituye por otra palabra del idioma, distinta desde el punto de vista morfológico, pero con relación semántica: por ejemplo, servilleta en lugar de pañuelo. Parafasias fonémicas que ocurren cuando hay una sustitución completa de la palabra diana por otra palabra del idioma sin relación semántica, pero con similitud morfológica, por ejemplo, "lebro" por libro. Otro tipo de parafasia es la verbal no relacionada: esta se considera presente cuando hay una sustitución completa por otra palabra del idioma, pero sin ninguna relación semántica o morfológica con la palabra diana, por ejemplo, mesa por plátano. Por último, se halla una parafasia fonémica [7].

En nuestro caso, se observa que el paciente presenta parafasias fonémicas. Como es en el caso de la aplicación del Test de Boston. Por ejemplo: hamaca dice "hamani" o "homaiqui" y cuando se presenta el trípode el paciente dice "trípoli" o "trúpoli". Esto le ha ocurrido tanto en la primera evaluación como en la llevada a cabo unos meses después. Sin embargo, se observa que en esta última, paciente ya era consciente de que lo estaba diciendo mal y se corrige varias veces hasta que da con la palabra adecuada, aspecto que no ocurría en la primera evaluación en la que se quedaba con la primera palabra que le salía aun cuando él nos decía que no le sonaba del todo bien.

Tratamiento

En el momento en el que acude a la clínica está tomando la siguiente medicación: Omeprazol; Rivaroxaban 20 mg; Alopurinol 100 mg; Bisoprolol 2,5 mg; Acetato de flecainida 100 mg; Atorvastatina 40 mg; y Acenocumarol

3.2 Procedimiento

El paciente era atendido en un centro de día con atención especializada a pacientes con daño cerebral adquirido o demencias. Había un equipo multidisciplinar compuesto por un médico, una enfermera, una fisioterapeuta, una terapeuta ocupacional, una logopeda, la neuropsicóloga con la que he realizado yo mi trabajo y varias auxiliares. El tratamiento estaba basado en el método Hoffman, que es un método de tratamiento rehabilitador y preventivo con beneficios físicos, cognitivos, psicológicos y sociales especializado en personas mayores.

Las sesiones de evaluación e intervención se realizaron en un despacho acondicionado. Desde el comienzo se observaron dificultades en la capacidad atencional, concentración así como su memoria de trabajo del paciente. El tratamiento fue diseñado en base a estos objetivos. Algunos de los ejercicios que se realizaron fueron: lectura de noticias del periódico y posterior resumen escrito, ejercicios de cancelación, ejercicios de diferencias, lectura de listas de palabras y detectar cuales están repetidas, series de símbolos y reconocimiento de la serie que es igual a la anterior y cual es diferente, etc.

Durante la rehabilitación neuropsicológica trabajamos principalmente los problemas de anomia y sus parafasias mediante varios ejercicios de emparejamiento de palabras con imágenes principalmente pero también con ejercicios de completar oraciones, tareas de definición de palabras, lectura en voz alta etc. Se dieron pautas a la familia para darle al paciente la clave fonológica de la palabra que no le saliera.

3.3 Instrumentos

Con el fin de valorar su grado de deterioro cognitivo así como sus capacidades básicas y superiores se han aplicado las siguientes pruebas:

Test de Hayling [8]: Es una prueba pensada para evaluar tanto la velocidad de iniciación como la capacidad de supresión de respuesta. Es un test de completamiento de oraciones en las que falta la última palabra. El sujeto debe realizar la tarea en dos condiciones: en la condición A debe producir una palabra que complete de manera coherente la oración; en la condición B debe producir una palabra no relacionada con la oración. En la condición A, el contexto sintáctico y semántico del estímulo conduce a la activación de una palabra coherente con el campo semántico del mismo. En la condición B, hay que inhibir la respuesta dominante (la tendencia a completar la oración de manera lógica) y buscar una palabra no relacionada con el contexto sintáctico-semántico que la oración impone. Al utilizar la misma estructura en la presentación de los estímulos, las dos condiciones del test permiten evaluar de manera comparativa el funcionamiento de dos componentes de las FE (iniciación e inhibición) en relación con un único formato simbólico (verbal). Esta especificidad puede resultar de valor clínico para detectar disociaciones en el rendimiento, potencialmente útiles para el diagnóstico y el tratamiento de lo paciente.

Test de Denominación de Boston [9]: Este test valora la capacidad de denominación por confrontación visual. Consiste en la presentación de 60 dibujos ordenados en dificultad creciente, que el sujeto debe denominar en un tiempo máximo de 20 segundos para cada uno. En caso de no dar una respuesta correcta de manera espontánea, se procede a facilitar una pista semántica o fonética, si la anterior no ha sido efectiva. Ofrece los siguientes parámetros: Número de respuestas correctas espontáneas; número de ayudas semánticas proporcionadas; número de ítems correctos después de la ayuda semántica; número de ayudas fonéticas proporcionadas; número de ítems correctos después de la ayuda fonética. La puntuación final se obtiene mediante la suma de las respuestas correctas espontáneas y las correctas con pista semántica.

Test figura compleja de rey [10]: El Test de copia y Reproducción de memoria de Figuras Geométricas Complejas de Rey fue diseñada inicialmente por André Rey con el objetivo de evaluar la organización perceptual y la memoria visual en individuos con lesión cerebral, examina las funciones cognitivas de pacientes de tipo diverso, en población adulta evalúa la capacidad visoespacial, las agnosias, las apraxias y los problemas de memoria visual. El propósito es evaluar la percepción visual, la memoria visual y las habilidades visuoconstructivas. La tarea consiste en la reproducción de una figura sin significado de elevada complejidad geométrica por su riqueza de detalles. Consta de un ensayo de "copia" y dos de "memoria", a los 3 minutos y 30 minutos. La puntuación máxima es de 36 puntos. La figura se divide en 18 unidades y cada una es puntuada por separado con 0/ 0,5/ 1 ó 2 según la exactitud. También hay una puntuación cualitativa en la que se valora la estrategia para realizar la copia. Cuando el tiempo de copia es largo, cabe pensar en sujetos poco desarrollados desde el punto de vista intelectual o dificultades en el análisis visoespacial. Si el tiempo es muy corto, la incapacidad para el análisis es todavía más acusada. La copia suele ser de un solo elemento o un garabato que el sujeto considera suficiente. Cuando la reproducción de la copia ha sido normal y el recuerdo es insuficiente, existen problemas de fijación, retención y evocación de la información, mientras que la percepción y organización de los datos se encuentran preservadas. Si la copia ha sido inferior a la realización de la memoria, falla tanto el recuerdo como la percepción. El paciente con daño cerebral en el hemisferio derecho suele romper y dividir la figura, perdiendo la consideración del todo, mientras que cuando la lesión se encuentra en el hemisferio izquierdo, suele reproducir la base rectangular con cierta consistencia, aunque con pocos detalles interiores. Los errores realizados por los pacientes frontales reflejan dificultades en la aproximación a la copia de la figura, mientras que los pacientes con lesiones parietooccipitales tienen más dificultades en la organización espacial de la figura.

Trail Making Test (TMT) [11, 12]: El propósito de este test es evaluar la rapidez para la búsqueda visual, la flexibilidad mental y la velocidad motora. Hay dos formas. La forma "A" consta de 25 círculos numerados del 1 al 25 y al paciente se le solicita que conecte los círculos con una línea en secuencia numérica tan rápido como sea posible. La forma "B" consta de números del 1 al 13 y letras de la "A" a la "L". Al paciente se le solicita que conecte los círculos mediante una línea, pero alternativamente los números y las letras, de manera ascendente. Esta parte es más sensible al daño cerebral ya que requiere más procesamiento por parte del paciente. Para obtener la puntuación se mide el tiempo empleado en cada parte y también se tiene en cuenta los errores.

Test de Atención breve [11]: Se leen 10 listas de letras y números con longitud variable entre 4 y 18 elementos. El paciente debe indicar cuantos números contiene cada lista de las 10, ignorando las letras. A continuación debe hacer los mismo con las 10 listas pero ahora contando las letras e ignorando los números. Si no hay errores, la puntuación máxima es 20 (un punto por cada lista correcta).

WAIS IV pruebas de dígitos (D) y letras y números (LN) [13]: Ambas pruebas sirven para evaluar memoria de trabajo. Dígitos (D) está formada por tres tareas: Dígitos directos (consiste en repetir una serie de dígitos, que se presentan oralmente, en el mismo orden que se presentan) Dígitos inversos (repetir una serie de dígitos en orden inverso al presentado) y Dígitos en orden creciente (repetir de menor a mayor los números leídos por el examinador). Evalúa la atención y la resistencia a la distracción, la memoria auditiva inmediata y la memoria de trabajo. Letras y números (LN). En esta tarea se presentan oralmente una serie de números y de letras mezclados. Después se deben repetir los números en orden ascendente y las letras en orden alfabético. Evalúa atención, concentración y memoria de trabajo.

4.Resultados

Atención

De los resultados psicométricos se revela que no hay una mejora clínica en atención tras los 6 meses de tratamiento neuropsicológico (véase Gráfica 1 y Tabla 1). Sin embargo, a nivel cualitativo se observa que el paciente está aparentemente más tranquilo, tiene una mayor tolerancia los bloqueos cuando tiene olvidos.

Gráfica 1. *Resultados de span atencional y concentración*

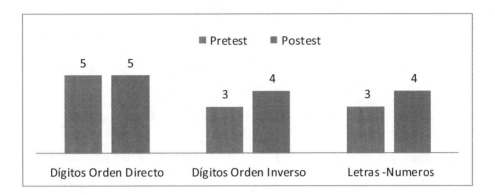

Tabla 1. *Resultados test breve de atención*

	Pretest	Postest
Forma n (números)	4/10	5/10
Forma l (letras)	3/10	5/10

Memoria verbal

Una de las pruebas empleadas para hallar los déficits de memoria fue el Test de Denominación de Boston. Con este test se observó una importante anosognosia y graves problemas de anomia.

Los resultados del pretest pueden verse en la tabla 2. El total obtenido con este paciente de 38 respuestas correctas indica un nivel de afasia de 4 (respuestas correctas entre 33 y 58 con media de 55,82). Además, se observa que el rendimiento del paciente sin ninguna pista es bastante reducido, mientras que con pistas fonológicas mejora considerablemente. Aun así, era llamativo ver las parafasias que presentaba el paciente y de las que no era consciente ("trípoli" por trípode). Hubo también una cantidad importante de dibujos en los que no nos pudo dar una respuesta ya que no le salía la palabra evidenciando sus problemas de anomia.

Tras 6 meses de tratamiento se volvió a realizar una nueva evaluación neuropsicológica (Julio de 2016). Los resultados indican una mejoría clínica en la denominación (véase la Tabla 2).

Tabla 2. *Resultados del Test de Boston*

Test de Boston	Pretest	Postest	Punto corte
Correctas (cantidad correcta total= suma de r dadas espontáneamente+ las dadas con clave fonética)	38/60	50/60	Entre 49 y 59 R correctas con media de 55.82.
Fonológicas	13/60	9/60	
No respuesta	9/60	0/60	

El total obtenido en el postest de este paciente es de 50 respuestas correctas lo que nos indica que no existe afasia.

Se observa cómo ha mejorado los resultados pero sobre todo lo que más importancia tiene es que el paciente ha empezado a ser consciente de sus errores y continuamente trata de corregir las parafasias hasta que logra dar con la palabra adecuada. Así, se observa que cuando le presentamos el dibujo de la hamaca nos comienza diciendo "hamaqui" o "hamaini" pero finalmente consigue decir hamaca correctamente. También es importante la mejoría que muestra en la facilidad y la velocidad con la que es capaz de denominar cada objeto presentado.

Memoria visual

Otro de nuestros objetivos era evaluar la percepción visual, la memoria visual y las habilidades visuoconstructivas y para ello empleamos la Figura Compleja de Rey.

En la primera evaluación el tiempo de copia de la figura fue muy elevado llegando a estar casi 8 minutos. También es cierto que estamos ante una persona perfeccionista, que debido a su ocupación laboral está acostumbrado a trabajar con instrumentos de medida (reglas, escuadras etc.) y continuamente se le veía bloqueado debido a que trataba de hacer líneas rectas perfectas y no le salían como él quería, por lo que borraba y volvía a pintar continuamente (véase la Figura 1).

Figura 1. *Copia Figura de Rey (pretest)*

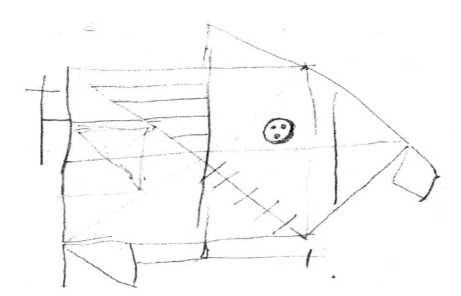

Durante la segunda evaluación ya le observé más relajado, la figura le salió algo mejor y disminuyó el tiempo de copia considerablemente.

Figura 2. *Copia Figura de Rey (postest)*

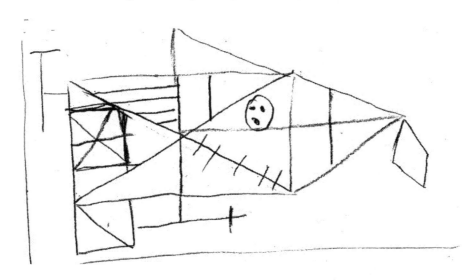

La rehabilitación neuropsicológica además de mejorar los aspectos antes comentados, ha ayudado a disminuir los niveles de ansiedad y aumentar el grado de confianza del paciente sobre sus capacidades, llegando a mejorar clínica en la memoria espacial tanto cualitativamente como cuantitativamente (véanse las Figuras 3 y 4, y Tabla 3 y 4).

Figura 3. *Memoria Figura de Rey (pretest)*

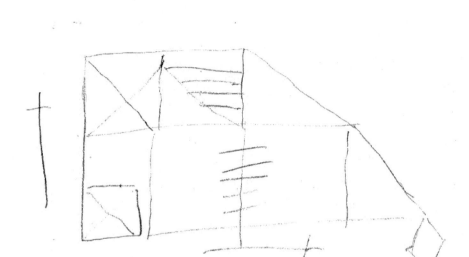
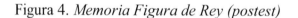

Figura 4. *Memoria Figura de Rey (postest)*

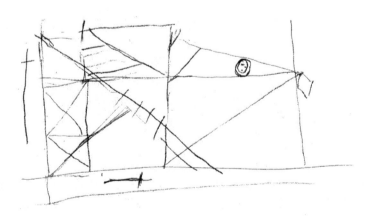

Tabla 3. *Resultados de la Figura Compleja de Rey (copia)*

Pretest	Postest
Análisis cuantitativo: 32	Análisis cuantitativo: 34
Análisis cualitativo: algún error en la forma	Análisis cualitativo: sin errores
Duración: 7,40''	Duración 5,50''

Tabla 4. *Resultados de la Figura Compleja de Rey (memoria)*

Pretest (diciembre 2015)	Postest (Julio 2016)
Análisis cuantitativo: 10	Análisis cuantitativo: 20
Análisis cualitativo: errores en la configuración global de la forma, mala colocación de las líneas etc.	Análisis cualitativo: Sin errores en la configuración global pero con falta de detalles en el interior de la figura.
Duración: 4.10''	Duración 4,40''

Funciones ejecutivas

Para evaluar las funciones ejecutivas en el paciente empleamos dos test. En primer lugar, se empleó el Test de Hayling, observándose una dificultad en el paciente para inhibir respuestas, aspecto que mide la parte B de este test.

Al nivel cuantitativo no ha habido mejoría en los resultados de este test. Sin embargo, lo más relevante es observar cómo ha mejorado la velocidad de procesamiento, tardando en realizar la tarea en menos de la mitad de tiempo que se empleó en el pretest, así como en comprensión de las instrucciones de la prueba (véase Gráfica 2).

Gráfica 2. *Resultados Test de Hayling*

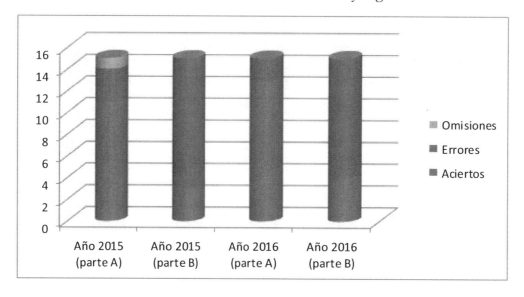

En cuanto a los resultados del Trail Making Test, el tiempo de realización de la parte A fue de 75 segundos y en la parte B de 1 minuto 50 segundos, no alcanzando el punto de corte. En la segunda evaluación se redujo levemente el tiempo de realización en la parte B, aunque no se encontraron diferencias clínicas.

5. Discusión

Este paciente tiene afectación parietal posterior. En general esta área es la encargada de la integración espacial. En concreto, las lesiones parietales temporales-izquierda pueden efectuar memoria verbal y la capacidad de recordar cadenas de dígitos [20].

Esto es lo que hemos observado claramente en este paciente durante la realización de la evaluación. Además, los pacientes con lesiones en el hemisferio izquierdo con respecto a la realización de figuras o dibujos, pueden tener las proporciones generales y la idea general de la construcción de un modo correcto, pero tienden a perder detalles y generalmente realizan un diseño pobre. Esto como podemos observar es lo que le ocurre al paciente, que tiene una idea más o menos general de la figura, pero pierde mucho detalle de la figura, sin ser capaz de crearla de una manera completa.

Los resultados de la intervención durante 6 meses son esperanzadores ya que se han encontrado leves mejorías en la atención, y una mejora en la memoria verbal y no verbal. Por tanto, y como conclusión general, el daño parieto-temporal ha afectado a distintas funciones cognitivas. Desde el punto de vista clínico se requieren una continuación del proceso de rehabilitación neuropsicológica intentar mejorar las habilidades afectadas.

7. Referencias

1. Cerebral A. Alento Asociación de Daño Cerebral [Internet]. Alento.org. 2017 [cited 27 September 2017]. Available from: http://www.alento.org

2. Díaz-Guzmán J, Egido-Herrero Fuentes B, Fernández Pérez C G, Sánchez R, G, et al. B. Incidencia de ictus en España. Bases metodológicas del estudio Iberictus. RevNeurol; 2008; 47: 617-23.

3. Ramirez Moreno D. Ictus y enfermedad cerebrovascular. Neurodidacta2012 http://www.neurodidacta.es/cursos/guruPcategs/2-ictus-y-enfermedad-cerebro-vascular

4. Hernández Meseguer M. Ictus y Terapia Ocupacional. Una rehabilitación diferente [Internet]. Terapia Ocupacional Murcia. 2012 [cited 25 October 2016]. Available from: https://terapiaocupacionalmurcia.wordpress.com/2015/09/30/ictus-y-terapia-ocupacional-una-rehabilitacion-diferente/

5. Vega Basulto SD. La unidad de ictus. Una posibilidad promisoria. Revista Archivo Médico de Camagüey 2003; 7(5): 626-637.

6. Tirapu-Ustárroz J, Muñoz-Céspedes JM, Pelegrín-Valero C. Funciones ejecutivas: necesidad de una integración conceptual. RevNeurol 2002; 34: 673-85.

7. Fernández-Turrado T, Tejero-Juste C, Santos-Lasaosa S, Pérez-Lázaro C, Piñol-Ripoll G, Mostacero-Miguel E, Pascual-Millán L. Lenguaje y deterioro cognitivo: un estudio semiológico en denominación visual. Revneurol 2006;42(10):578-583.

8. Abusamra V, Miranda M, Ferreres A. Evaluación de la iniciación e inhibición verbal en español. Adaptación y normas del test de Hayling. Revista Argentina de neuropsicología 2007;19-32.

9. Kaplan E, Goodglass H, Weintraub S. Test de Denominación de Boston (Boston Naming Test). 1978.

10. Rey, A. (1959). Test de copie et de reproduction de mémoire de figures géométriquescomplexes. Editions du centre de psychologieappliquée.

11. RodriguezArtachoMA. Pruebas para la evaluación de la atención. 2017

12. Evaluación de la atención [Internet]. neurobase. 2013 [cited 27 September 2016]. Available from: https://neurobase.wordpress.com/2013/05/26/evaluacion-de-la-atencion/

13. Úbeda R, Fuentes I, Dasí C. Revisión de las formas abreviadas de la Escala de Inteligencia de Wechsler para Adultos. Psychology, Society, &Education 2016;8(1):81.

14. Hernández, S, Díaz, A, Jiménez, J, Martín, R, Rodríguez, C, & García E. Datos normativos para el test de Span Visual: estudio evolutivo de la memoria de trabajo visual y la memoria de trabajo verbal. EuropeanJournal of Education and Psychology 2015; 5(1).

15. Jiménez Gracia, M, Lopez Espuela F, Amarilla Donoso J, Guesta Guerra E. La rehabilitación integral del paciente que ha sufrido un ictus. In Memoria. Trabajos científicos [Internet]. 2014 [cited 27 September 2016];112-122. Availablefrom: https://dialnet.unirioja.es/servlet/articulo?codigo=5399807

16. Egido J, García A, Payno M, Fernández-Montalvo R. La autonomía del paciente en el ictus: pérdida aguda de la competencia y consentimiento informado. Revista Española de Medicina Legal, 40(3), 103-107.

17. TirapuUstárroz, J, Ríos Lago M, MaestúUnturbe F. Manual de neuropsicología. 2nd ed. 2015.

18. Vega López AB. Las secuelas invisibles del ictus. Rehabilitación 2017; 51(2): 138-138.

19. Ginarte-Arias Y. Rehabilitación cognitiva. Aspectos teóricos y metodológicos. RevNeurol 2002; 34(9): 870-876.

20. Daube JR. Medical neurosciences: an approach to anatomy, pathology, and physiology by systems and levels. 1986.

Intervención neuropsicológica de un caso de lesión fronto-temporo-parietal izquierda debido a un traumatismo craneoencefálico

6

María López Gómez

1. Introducción

El objeto de estudio de este trabajo es la propuesta de intervención de un caso de lesión cerebral sobrevenida debido a traumatismo craneoencefálico. Específicamente de la evaluación y tratamiento de una lesión fronto-temporo-parietal izquierda debida al traumatismo.

Para ello me he basado en las clasificaciones actuales sobre esta lesión específica, he atendido a las posibles consecuencias de esta alteración, y he estudiado las propuestas de intervención neuropsicológicas utilizadas en casos similares al que aquí concierne. El daño cerebral adquirido o sobrevenido se define como la lesión en el cerebro que hasta el momento se desarrollaba y tenía un funcionamiento esperado. Las causas de este daño son: traumatismos craneoencefálicos (TCE), accidentes cerebrovasculares (ACV), tumores cerebrales, anoxia e hipoxia, encefalitis de diversa etiología, etc. [1].

Las causas más frecuentes de ACV son las encefalopatías anóxicas que ocurren cuando no hay suficiente oxígeno en el sistema nervioso central por causas respiratorias, cardiacas o circulatorias [2]. Los accidentes cerebrovasculares por su parte se deben a una alteración de aporte sanguíneo al cerebro ya sean por obstrucción del flujo sanguíneo o por hemorragias [3]. Y, por último, por su mayor grado de incidencia como causa de los ACV, los traumatismos craneoencefálicos (TCE). Los TCE se definen como la lesión cerebral causada por el impacto de un golpe sobre el cráneo [3].

Las causas más probables de este impacto son, entre otros, los accidentes de tráfico, la utilización de fórceps en el nacimiento, las heridas de bala, los golpes en la práctica de deporte. Además, son una de las causas más comunes de muerte, discapacidad física y de alteración cognitiva [4]. Este tipo de traumatismos se clasifican en: traumatismos abiertos, con un daño focal, fractura del cráneo y penetración del tejido cerebral; y los traumatismos cerrados, sin fractura del cráneo, con probable daño difuso produciendo graves lesiones en el cerebro a causa de la alteración del tejido. Debido al impacto en el cráneo, las zonas más afectadas son los sectores temporales, y frontales del cerebro, en especial la corteza prefrontal [5]. Esta alteración en la actividad cerebral varía dependiendo de la gravedad, ubicación de la lesión y el tiempo transcurrido desde la lesión [6]. Por lo tanto, es importante para la valoración de los TCE que queden bien definidos la zona de la lesión que afecta al encéfalo, y las consecuencias que de ello se derivan tanto a nivel neuroanatómico como neuropsicológico que afecta al funcionamiento y la calidad de vida premórbido de la persona.

Desde la neuropsicología se ha resumido las funciones principales que se ven afectadas en este tipo de daño cerebral como son: 1) déficits cognitivo-intelectuales, 2) amnesia anterógrada y, 3) los cambios en personalidad. Dentro de las funciones cognitivo - intelectuales, es relevante destacar la alteración en las funciones ejecutivas, la comunicación, la atención y la velocidad de procesamiento. La pérdida de la capacidad de aprendizaje y memoria es la queja subjetiva más frecuente. Además, se diferencia entre amnesia anterógrada, la que caracteriza este cuadro, y la amnesia retrógrada. La primera es la incapacidad para retener nueva información, y la segunda, es la dificultad para evocar recuerdos anteriores al TCE. El tercer efecto del traumatismo que denominamos cambios de personalidad puede: ser irritabilidad, conducta socialmente inapropiada, cambios de afecto, apatía, puerilidad, desinhibición, etc. Por último, definidos los tipos de lesión y las consecuencias que de ello se derivan, es imprescindible tomar referencia de los tipos de evaluación y la neurorehabilitación que mejor se ajusten a la lesión del caso en particular. Para describir las consecuencias, estimar la severidad y el pronóstico, las escalas o baterías más utilizadas son: 1) Memoria, Escala de Memoria Wechsler-R (D. Wechsler, 2004),

Rivermead (Wilson & co 1985), y Tomal (Reynols & co 1994); 2) Visopercepción, PIENC (Peña-Casanova 1991); 3) Funciones ejecutivas, TMT-B (Reitan 1958), WCST (Glosset, Goodglass 1990), Stroop (Golden 1979); 4) Atención, Dígitos directos WAIS-III (Wechsler 1999), TMT-A (Reitan 1958), CPT (Conners 1995); 5) Velocidad de procesamiento, Claves WAIS-III (Wechsler 1999); y 6)Evaluación de problemas emocionales y de conducta, Entrevista revisada de Iowa, Escala de registro neuroconductual revisada. (Claudia Tafur).

Finalmente, para poder diseñar una rehabilitación neuropsicológica (RN) eficaz se ha de tener en cuenta las siguientes cuestiones. Primero, la neurorehabilitación se define como la intervención de los procesos cognitivos alterados, mediante la aplicación de procedimientos, técnicas y empleo de apoyos externos, permitiendo un mejor nivel de procesamiento de información y una mayor adaptación funcional del paciente que ha tenido una enfermedad o un daño neurológico, de manera que asuma de forma productiva e independiente sus actividades cotidianas de tipo laboral, académica, social y familiar [7].

Las recomendaciones actuales sobre la RN se resumen en: se ha de iniciar lo más temprano posible con una evaluación neuropsicológica y funcional, que sea totalmente personal pues cada paciente manifiesta su personalidad de manera individual y única, ésta debe de tener una duración limitada, y tener información sobre el grado de conciencia de las dificultades del paciente promoviendo una perspectiva realista de sus fortalezas y limitaciones [8].

Es relevante que esta RN tenga el mayor grado de validez ecológica para que el paciente generalice su trabajo y mejora en su vida cotidiana.

Las estrategias empleadas en RN cognitiva son: 1) la restauración, consiste en recuperar y potenciar la función deficitaria actuando directamente sobre ella, el paciente realiza prácticas reiteradas y estructuradas de determinadas tareas; 2) la compensación, se potencia el empleo de diferentes mecanismos alternativos o habilidades preservadas para la ejecución de la tarea que se efectuaba con la función alterada; 3) la sustitución, empleo de ayudas o mecanismos externos para el desarrollo eficaz de la tarea [9].

Las funciones más estudiadas en la rehabilitación neuropsicológica han sido la atención, la memoria y las funciones ejecutivas, entre otras. La atención ha de ser la primera capacidad cognitiva en rehabilitarse porque es la base de otros muchos procesos cognitivos y el impacto que tiene el déficit en la vida diaria. Desde la atención sostenida, la selectiva, la alternante, y la divida se trabaja con una gran diversidad de tareas entre las que se encuentran: las tareas de ejecución continua, las que se añade un distractor irrelevante, los cambios en las demandas de las tareas o los ejercicios que han de atender a dos o más estímulos de forma simultánea. La memoria se puede rehabilitar con técnicas sin ayudas externas, con ayudas externas y con ayudas electrónicas. En cuanto a las funciones ejecutivas combinan el empleo de técnicas neuropsicológicas con otras de enfoque cognitivo-conductual, técnicas de autocontrol y solución de problemas.

El propósito de este trabajo es informar sobre cómo se llevó a cabo la evaluación y el inicio de la rehabilitación neuropsicológica de un caso de traumatismo craneoencefálico.
La hipótesis que se elaboró fue que el paciente mejoraría funcionalmente en su vida diaria y tendría una mayor autonomía debido a la rehabilitación neuropsicológica. Las variables independientes serían la evaluación personalizada del paciente, analizando cada aspecto de su vida premórbido y las capacidades cognitivas alteradas; junto con la rehabilitación neuropsicológica llevada a cabo en un tiempo concreto y trabajando de forma específica las funciones cognitivas afectadas. Respecto a las variables dependientes son el cambio o mejora de estas capacidades, la generalización de los avances en rehabilitación a su vida cotidiana y la máxima recuperación de la autonomía de esta persona dentro de sus posibilidades.

2. Objetivo

Este capítulo expone la manera de proceder tanto en la evaluación como en la siguiente rehabilitación neuropsicológica de un caso clínico de traumatismo craneoencefálico con lesión en las áreas fronto-temporo-parietal del cerebro. Este procedimiento se llevó a cabo mediante test y tareas neuropsicológicas concretas y específicas para la medida y rehabilitación individualizada de la persona.

3. Método

3.1. Descripción del contexto y del caso

Diseño del caso clínico sin postest en funciones neuropsicológicas, y planteamiento del programa de rehabilitación neuropsicológico del paciente F. El paciente, F., del sexo masculino, diestro, de 78 años de edad. Jubilado, con estudios básicos y su última ocupación fue en la construcción. Acude a consulta debido a que sufrió, el 4 de diciembre del 2015 una caída de su propia altura a consecuencia de un atropello automovilístico.

Según los hallazgos de neuroimagen, realizados en diciembre de 2015, revelan un hematoma subdural agudo izquierdo. Todo ello le provocó un traumatismo craneoencefálico grave. No requirió de intervención quirúrgica. Historia de hipoacusia crónica, intervención de cataratas en el ojo izquierdo y temblores en la extremidad superior derecha. Ha sufrido un accidente cerebrovascular con anterioridad, adoptando la modalidad de accidente isquémico situado en el tálamo. Debido a estas alteraciones el paciente estaba impedido en la realización de diversas pruebas neuropsicológicas. El medicamento prescrito fue Acenocumarol.

Los familiares de F., reportan que su actividad en la cotidiana ha descendido significativamente, explican que pasa todo el día acostado, con hipersomnia. También identificaron bloqueos en su expresión oral y dificultades en la comprensión del lenguaje.

3.2 Instrumentos

Inicialmente se realizó la evaluación neuropsicológica del paciente a través de los siguientes procedimientos: *Entrevista inicial del examen neuropsicológico de Luria* administrada tanto al paciente como a los familiares, *Mini Mental State Examination (MMSE)* [10], *Test 7 Minutos* de Solomon et al, *Batería neuropsicológica Luria-, Nebraska, Test de denominación de Boston* de H. Godglass y E. Kaplan, *Token Test de comprensión* de Renzi y Vignolo.

Entrevista inicial del examen neuropsicológico de Luria: se obtiene información sobre la historia del estado actual del paciente y sobre aspectos concretos de su vida, con el propósito de fijar la dirección del diagnóstico y evaluación pertinente de las posibles capacidades cognitivas alteradas. Nos permite recoger datos sobre su estado de conciencia, su orientación en el espacio y tiempo, sus niveles premórbidos de su personalidad, las reacciones emocionales a la experiencia y sus quejas subjetivas sobre los síntomas de su enfermedad.

Mini Mental State Examination (MMSE) [11]: es una escala breve de rastreo cognitivo. Se evalúan la orientación temporal y espacial, el recuerdo inmediato, la atención y cálculo, el recuerdo diferido, el lenguaje y la praxia constructivas. Puntuación máxima de 35 puntos.

Test 7 Minutos: es una prueba de cribado de demencia. Incluye cuatro subtest que evalúan la orientación temporal, el recuerdo libre y facilitado (memoria episódica), la capacidad visuoespacial y visoconstructiva, y la fluidez categorial (memoria semántica y estrategia de recuperación de palabras). La puntuación se obtiene combinando los resultados de los cuatro subtest que lo componen, dando un valor que puede ser comparado con un punto de corte para demencia o expresado en percentiles de la distribución del grupo normativo [12].

Batería neuropsicológica Luria-Nebraska: Consiste en 269 ítems, distribuidos en 11 escalas, que abarcan desde problemas motores hasta problemas de memoria e inteligencia, estas escalas son: funciones motoras, funciones acústico-motoras, funciones cutáneas y kinestésicas, funciones visuales, lenguaje receptivo, lenguaje expresivo, lectura, escritura, destrezas aritméticas, procesos mnésicos, procesos intelectuales [13].

Test de denominación de Boston [14]: prueba para valorar la capacidad de denominación por estimulación visual. El sujeto debe denominar dibujos ordenados en progresiva dificultad, en un tiempo máximo de 20 segundos para cada uno de ellos. Se utiliza en pacientes con afasia, pacientes con daño cerebral en el lóbulo frontal derecho y es muy sensible en demencias, indicando su presencia y gravedad.

Token Test de comprensión [15]: Instrumento que valora la comprensión verbal con órdenes verbales que incrementan en dificultad. Se usan fichas de plástico de cinco colores, dos tamaños diferentes y dos formas geométricas. Las órdenes son presentadas al paciente. El test es muy sensible a problemas en la comprensión.

3.3 Procedimiento

El plan de RN, se organizó partiendo de las siguientes premisas para lograr una eficiencia alta: 1) inicio temprano de la RN, 2) duración de las sesiones limitadas, con una frecuencia de cinco sesiones a la semana, 3) la RN totalmente individualizada, adecuada al paciente, 3) colaboración multidisciplinar, 4) programa adecuado tanto al cuadro sindrómico, como a la edad, la personalidad del paciente, el nivel educativo, el nivel de conciencia, las respuestas emocionales y sus gustos [16].

Además, para favorecer la mejoría durante las sesiones, los ejercicios de la rehabilitación habían de incrementarse en dificultad de forma jerárquica y progresiva para que F pudiera afrontar su déficit adaptativamente. Así, el paciente fue partícipe de su proceso de rehabilitación de manera activa, beneficiándose de la modificación de su situación tras el traumatismo y su consecuencia a nivel de daño cerebral, y la alteración de su funcionamiento psicosocial.

El programa se formuló para que se lleve a cabo desde marzo de 2016 a Julio de 2016, en sesiones de media hora aproximadamente, cinco días a la semana, con un total de 100 sesiones. Las tareas que se plantearon fueron la mayoría en formato de lápiz y papel, pudiendo en sesiones futuras usar el ordenador como recurso para la presentación de algunas actividades.

La rehabilitación cognitiva se centra en la estimulación de capacidades cognitivas superiores como la atención, la memoria, el lenguaje, y las funciones ejecutivas. Como se ha mencionado anteriormente, las actividades van aumentando su dificultad a lo largo del tiempo y en asonancia con los logros del funcionamiento del paciente que se tratan de alcanzar.

4. Resultados de la evaluación

Los resultados de la evaluación se exponen a partir de cada capacidad cognitiva evaluada.

Primero, la atención está alterada puesto que F es capaz de focalizar, pero tiene un débil sostenimiento en ejercicios de atención sostenida. Alta distraibilidad y poca constancia. En cuanto a la orientación auto y alopsíquica no tiene ninguna dificultad significativa. Segundo, las habilidades visoperceptivas y visuoconstructivas quedan alteradas cuando se le presentan ítems visuales complejos. No correlaciona todos los elementos mostrados en los test de evaluación. Además, llega a conclusiones prematuras sobre el significado de las imágenes (agnosia visual). En cuanto a las habilidades visoconstructivas no se le pudo valorar por los temblores que presenta. Tercero, memoria y aprendizaje verbal con dificultad sobretodo en memoria verbal en la retención de información. La memoria visual deficitaria. En cambio, tanto la memoria episódica como la prospectiva actúan eficazmente. Cuarto, el lenguaje está afectado puesto que la capacidad de comprensión de frases lógico-gramaticales tiene puntuaciones significativamente bajas, tiene dificultad en entender instrucciones y preguntas. La expresión del lenguaje queda comprometida, la repetición deficitaria.

La función nominativa está gravemente alterada. No finalizó el test de Boston, dificultad de evocación más difícil que de denominación por confrontación visual; bloqueos y parafasias verbales, literales y algún neologismo. Quinto, lectura, escritura y cálculo; la escritura queda comprometida por su dificultad grafomotora debido a los temblores. En lectura tiene errores de sustitución y bloqueos. Y en cuanto a la destreza aritmética, resuelve operaciones simples, pero con errores. Sexto, en referencia a las funciones ejecutivas se incide en su dificultad para analizar situaciones, no correlaciona, no hace hipótesis ni estrategias, no selecciona alternativas o métodos tácticos. Actúa de forma impulsiva y falla en los mecanismos de retroalimentación. Séptimo, a partir de la evaluación de los afectos y emociones, F tiene una falta de conciencia de su problema neuropsicológico, tiene tendencia apática, y falta de impulso. En cambio, actúa desinhibidamente, tiene un comportamiento pueril y jocoso. No muestra conductas de irritabilidad, ni de ansiedad ni de depresión. Por último, la conclusión del neuropsicólogo fue que F, desarrolló una afasia sensorial.

5. Descripción del tratamiento

La propuesta de intervención, como se ha comentado antes, se centra en la rehabilitación de capacidades cognitivas como la atención, la comprensión, la fluidez y la memoria. Estas áreas quedan alteradas tras el traumatismo de F y es importante su rehabilitación puesto que son imprescindibles para que el paciente lleve una vida autónoma y funcional.

Se plantea la rehabilitación en cinco meses, durante cinco días a la semana, en total cien sesiones de media hora de duración. La intervención se divide en cuatro etapas de cinco semanas cada una.

Cada etapa se centra en una capacidad cognitiva, elegida desde la más básica, como la atención, que da sostenimiento y es componente esencial para que se lleven a cabo las demás capacidades. A las áreas, como la fluidez y la memoria, no menos importantes. Es preciso señalar que la importancia que se le da en cada etapa a una capacidad en concreto no es incompatible con el trabajo gradual de las demás áreas cognitivas que se harán simultáneamente.

Este programa se formula para que las mejoras que se lleven a cabo en las sesiones con el neuropsicólogo puedan generalizarse en la medida de lo posible a las actividades de la vida diarias tanto las básicas como las instrumentales que hayan sido alteradas. Para ello las actividades tienen carácter ecológico, heterogéneo y atractivo para la persona.

A continuación, la descripción del plan de rehabilitación neuropsicológico:

Etapa 1:

Objetivo: La terapia de rehabilitación comienza con los trastornos atencionales como base para otros procesos cognitivos.

En cada semana se hará hincapié en dos tareas diferentes, complementando estas actividades atencionales con ejercicios de recuerdo, fluidez y comprensión.

Como proceso de rehabilitación es importante la compensación y la restitución del déficit para la disminución de las quejas atencionales del paciente [17].

Se sigue el orden de la atención sostenida, selectiva, alternante y dividida porque el programa se basa en el modelo clínico y jerárquico de Sohlberg y Mateer [18], comenzando con las atenciones más básicas.

Materiales: Las tareas que se realizan en la rehabilitación son la mayoría de lápiz y papel, en formato vídeo y audio. Se utilizará un ordenador de la clínica para los ejercicios que lo requieran.

Tareas: Se describen diez tareas, dos tareas cada semana, intercalándose actividades de memoria, fluidez y comprensión utilizando los mismos materiales de las actividades de la atención. En un principio se le concede a F mucho tiempo para que tome contacto con la dinámica de las sesiones y se familiarice con las tareas y materiales. En las últimas sesiones de esta área se le da la oportunidad de repetir tareas muy parecidas para trabajar aspectos importantes de la atención.

Esta repetición sirve para obtener un feedback propio y poder observar las mejoras con la rehabilitación.

Tarea 1: Se le enseña a F, un vídeo sobre la manera de proceder para cocinar una receta, y se le da la instrucción de que ha de seguir el vídeo puesto que a continuación se le preguntará sobre la información del mismo. Seguidamente, se le pregunta sobre los detalles de la escena, los pasos que ha seguido el cocinero, los ingredientes que se han usado. Para finalizar, se hace un ejercicio de recuerdo sobre su vida en el hogar, sus gustos culinarios, sus tareas en casa, etc.

Tarea 2: Se presenta una hoja con distintas letras repartidas al azar y repetidas. La actividad consiste en tachar las letras repetidas. Se le insta a que lleve un rastreo visual ordenado, de izquierda a derecha y de arriba abajo, para poder hacer un recorrido completo de la hoja y que obtenga una visión global de las letras.

Tarea 3: Se le da al paciente una hoja en la que hay dibujados en distintas posiciones formas geométricas, como un cuadrado, varios círculos y diferentes triángulos. Primero ha de nombrarlas, y después buscar la situación del único cuadrado de la ficha.

Finalmente contar cada figura y categorizarlas según su forma geométrica.

Tarea 4: Se le da a F una ficha en la que hay dibujados en cinco filas distintas siluetas de animales. El neuropsicólogo pide al paciente que escoja una determinada silueta que corresponde con un animal determinado. Tras terminar con la elección de las siluetas, F tiene que formar una frase con cada uno de los animales de la ficha.

Tarea 5: Con fichas de dibujos de animales, se le muestran animales diferentes. El paciente ha de organizarlos según sus propios criterios. Al final del ejercicio se le pregunta el criterio que ha seguido y se explica que los animales han de ser ordenados según el medio en el que habitan (terrestres o acuáticos) y un segundo criterio es el tipo de alimentos que consuman (herbívoros y carnívoros). Si no se han seguido estos criterios se le anima para que se reordenen las fichas.

Tarea 6: En cartulinas individuales de letras del abecedario, y de números, todos ellos desordenados; F ha de ordenar de forma alternativa los dos grupos, de mayor a menor los números y de la primera a la última letra del abecedario.

Tarea 7: En una historia leída por el neuropsicólogo, el paciente ha de estar atento puesto que, al finalizarla, se le harán preguntas sobre detalles del relato. Además, cada vez que escuche la palabra "la", ha de dar una palmada.

Tarea 8: Mientras que la persona realiza una tarea de cancelación, se escucha la melodía de canciones familiares para F, en ese mismo momento, tiene que decir su autor o en su defecto ha de tararear la canción.

Tarea 9: Se repite la tarea antes mencionada de las cartulinas con las letras y los números para que el paciente las ordene de forma alternante cada grupo, de mayor a menor los números y de la primera la última letra. En esta ocasión se le pregunta a la persona sui grado de satisfacción con la actividad, si recuerda haberla hecho antes, y cuándo cree haberla hecho. Se le reforzará si logra recordar el día en el que se hizo, y si no, se le ayudará con claves episódicas y aspectos importantes de dicho día.

Tarea 10: Se le presenta a F una hoja en la cual está dibujada una cuadrícula de 35 casillas en las que hay escritas las letras P, B, y R. El paciente debe elegir primero las letras P, en un segundo momento la letra B, y por último la R.

A continuación, contar el número de casillas de cada letra y escribirlas en la hoja. La anotación la hará el neuropsicólogo debido a los problemas motores de F.

Posteriormente tiene que nombrar objetos que empiecen con cada una de las letras. Finalmente, se le pregunta cuántas veces se repiten cada letra de la cuadrícula antes contadas.

Etapa 2:

Objetivos: El trabajo de rehabilitación neuropsicológica centrado en la comprensión lingüística es necesario realizarlo puesto que F tiene alterado gravemente esta función del lenguaje. Como se explicará en el apartado de discusión, se expondrá en los resultados de la evaluación la alteración específica del lenguaje que sufre F, en el cual la comprensión es significativamente baja por el daño cerebral.

En un principio se rehabilitarán aspectos de la comprensión más básicas, a nivel de conversación, con ayuda de recursos visuales, y más adelante se incluirán ejercicios de comprensión de frases con sentido figurado, como los refranes que se usan en tareas del final.

Materiales: Uso de ejercicios a lápiz y papel, y tareas audiovisuales con el ordenador.

Tareas: Igual que con la capacidad cognitiva anterior se describen diez tareas, dos tareas cada semana, intercalándose actividades de memoria, fluidez y atención.

Asimismo, las tareas aumentarán su dificultad a medida que F realice correctamente los ejercicios en cada nivel.

Para que aumente su motivación y fije su atención en la tarea, los intentos correctos se reforzarán y los erróneos se guiarán para que la persona pueda llegar a una buena conclusión.

Tarea 1: Se presenta a la persona letras escritas en cartulina a modo de tarjetas para que, de forma libre, forme palabras con sentido. En un principio se le presentan todas las letras del abecedario para que las use cómo quiera para dicha tarea, pero a medida que F va mejorando, el nivel de dificultad va aumentando. Esto se consigue presentándole únicamente las letras necesarias para que forme una palabra específica.

Tarea 2: En esta ocasión la dinámica del ejercicio es el mismo que en el caso anterior, lo único que cambia es que las tarjetas que se le presentan son de palabras en vez de letras. Primero se presentan muchas palabras, entre ellas nombre, verbos, preposiciones, etc., para que formen la frase con coherencia. Y en un segundo momento se presentan las palabras necesarias para que F las ordene y que tengan en su conjunto un significado específico.

Tarea 3: En un primer momento, se le pide a F que nombre las cuatro estaciones del año, para saber el grado de memoria semántica que tiene y para asegurarnos de que la actividad de compresión sea efectiva. Seguidamente el neuropsicólogo lee frases relacionadas con cada estación y la persona tiene que asociarla con una única estación. Por ejemplo: "caída de las hojas", F debe de decir la estación del otoño.

Tarea 4: Siguiendo con la temática de la tarea anterior, se le pide a la persona que recuerde qué se estuvo haciendo en la sesión anterior, con qué temática se había hecho el ejercicio y que nombre las cuatro estaciones.

Después, en una hoja están dibujadas escenas relacionadas con cada estación. Primero, debe describir cada dibujo con el máximo de detalles y en segundo lugar lo debe asociar a una estación específica.

Tarea 5: Se presenta una hoja en la que están dibujados diez objetos ordenados en dos filas de cinco objetos cada una. Primero se le pide que nombre cada uno de ellos.

Cada dibujo de la fila superior está relacionado semánticamente con otro dibujo de la fila inferior. La tarea consiste en unirlos y explicar el criterio por el que ha hecho esa asociación. En la ficha están dibujados animales, medios de transporte, prendas de vestir, comida y material de oficina.

Tarea 6: En esta ocasión el ejercicio es de asociación, pero en lugar de que en la hoja aparezcan dibujos únicamente, también aparecen escritas palabras. La hoja está planteada en tres columnas, la primera y la tercera son seis objetos dibujados y la segunda que queda entre los dibujos son seis palabras. Primero tiene que nombrar cada dibujo y leer las seis palabras.

La actividad consiste en que F debe de unir cada dibujo a una palabra que se asocian semánticamente. Por ejemplo, hay dibujado una sombrilla y la debe de unir a la palabra "verano". Por último, se tapan los dibujos y las palabras y F debe de nombrar cada dibujo y palabra por parejas.

Tarea 7: Se le presenta en una hoja tres grupos de seis palabras cada uno. F ha de leer cada grupo de palabras y ha de señalar la que no corresponda al grupo. Este ejercicio es el mismo para los tres grupos de palabras. Una vez haya elegido tiene que darnos la razón por la que descarta esa palabra en concreto. Por ejemplo: en el primer grupo de palabras que se le muestran a F, están escritas: lluvia, viento, nublado, temporal, camiseta y soleado. La opción correcta sería nombrar camiseta porque es la única que no comparte el grupo semántico de estados meteorológicos.

Tarea 8: En esta ocasión a la persona se le dicen diferentes refranes españoles y debe de explicarnos su significado en sentido figurado. Además, en una segunda etapa de la tarea,

F tiene que decirnos refranes que recuerde que se asocien por su significado con los refranes que le diga el neuropsicólogo.

Tarea 9: En esta actividad el paciente debe prestar atención a la historia que le leerá el profesional. La narración está compuesta por un principio, un nudo y un desenlace, y lo protagoniza una persona parecida a F en edad, gustos y dedicación. Tras la escucha, F debe contarnos la misma historia con el máximo de detalles que recuerde.

Finalmente, en una hoja aparecerán filas de dibujos de personajes y escenas relacionadas con la historia. Sólo existe un dibujo por cada fila que coincide en su totalidad con la narración. La tarea consiste en que F, debe indicar la correcta y explicar su elección.

Tarea 10: En el ordenador se hace un ejercicio de adivinanzas. En la primera pantalla aparece la adivinanza y en una segunda pantalla aparecen tres respuestas. F debe de elegir la correcta y explicar por qué descarta las otras dos respuestas. A medida que la persona avanza en el descubrimiento de las adivinanzas, éstas aumentarán su dificultad.

Etapa 3:

Objetivos: A parte de la alteración de comprensión en el lenguaje, F tiene dificultades en la fluidez verbal. Por ello la rehabilitación en esta fase se centrará en ejercicios de fluidez complementando éstos con actividades en los que se refuercen otras capacidades igual de importantes.

Los ejercicios irán incrementando su dificultad a medida que F vaya superándolos con éxito. De forma general las tareas son de denominación, formación de palabras, construcción de frases con sentido, y descripción de escenas de la vida diaria y espacios conocidos.

Materiales: Como en las capacidades cognitivas trabajadas anteriormente los materiales que se usarán son: lápiz y papel, ordenador y fichas de madera.

Tareas: A continuación, se presenta la descripción de las diez tareas. Se sigue con la dinámica planteada hasta ahora; dos tareas cada semana, complementando con actividades de memoria, comprensión y atención.

Tarea 1: En una hoja esta dibujada la escena de una familia en la cocina. Cada personaje está haciendo alguna acción relacionada con la comida, la limpieza o el juego entre ellos. La persona tiene la instrucción de describir el dibujo. Explicando dónde se encuentra cada personaje, que describa físicamente a cada uno, también tiene que hacer mención de los muebles y electrodomésticos que se sitúan en la escena. Por último, se le pide que describa su propia cocina con el máximo de detalles.

Tarea 2: Con la ficha de la tarea anterior, esta vez el neuropsicólogo le da la orden verbal de búsqueda de un objeto o algún personaje, y F debe de señalar dónde está ubicado. Después, se plantea la tarea de describir su propia casa, siguiendo un orden concreto (se describe la casa cómo si nos la enseñara desde la puerta principal pasando por todas las habitaciones y espacios de ésta)

Tarea 3: Con fichas de dibujos de objetos, se le va presentando de una en una a F y éste ha de nombrarlos.

A medida que la persona va adquiriendo mayor habilidad, los dibujos se rotaran 180° para que los vea al revés. La tarea es la misma, debe de denominarlos lo más rápido que pueda.

Tarea 4: Se repite la tarea anterior de denominación de objetos, pero esta vez ha de hacerlo de la propia sala de rehabilitación. Tiene que describir el mobiliario, la decoración, la situación de cada objeto, las personas que están dentro de la habitación y cómo van vestidas. Una vez haya descrito de manera general la habitación, tiene que formar frases con coherencia y significado con cada objeto de la sala.

Tarea 5: El juego de los animales consiste en que tanto F como el neuropsicólogo han de decir un animal de forma alternativa. A parte de nombrar cada uno de ellos el animal, se ha de prestar atención al compañero puesto que antes de decir uno nuevo, se ha de decir todos los animales que se han nombrado desde el principio tanto los propios como los del compañero.

Tarea 6: La actividad se basa en el juego de mesa "scrabble", de forma adaptada, con letras representadas en fichas de madera. En este caso los jugadores son el paciente y el neuropsicólogo. Cada uno de ellos tiene a su disposición gran variedad de letras con las que han de formar palabras con sentido.

La regla del juego es conseguir el máximo de puntos formando palabras donde una letra de éstas se haya puesto en el tablero de 10x10 casillas. Las palabras pueden formarse horizontalmente o verticalmente y se pueden cruzar siempre.

Cada palabra formada es un punto adquirido y gana la persona que llegue a los 10 puntos.

Tarea 7: Con fichas de letras, se muestran palabras donde faltan las vocales. El objetivo es que la persona elija la vocal correcta en cada palabra para que ésta tenga sentido. Se le indicará que las palabras pueden tener varias vocales repetidas, que intente nombrar la palabra de manera global para rellenar las letras que le faltan.

En un principio la tarea se empieza con la palabra completa salvo por una vocal, y se irá aumentando la dificultad dejando en blanco cada vez más vocales para que F las elija.

Tarea 8: En esta actividad el neuropsicólogo nombra categorías generales y F tiene que nombrar al menos cinco elementos dentro de cada categoría. Las categorías generales son: Profesiones, frutas, animales, herramientas, nombres masculinos, nombres femeninos, ciudades países y partes del cuerpo. Por último, al finalizar, se anima a que la persona recuerde todos los objetos que ha nombrado y que lo haga ordenándolos según la categoría a la que pertenezca.

Tarea 9: En una hoja dibujados diez pares de objetos, la persona ha de relacionarlas y formar una frase con ellas.

La instrucción sería la siguiente: Inventa una frase en la que aparezcan las dos palabras representadas en los siguientes dibujos.

Los pares de dibujos, por ejemplo, son: un huevo roto y una salchicha, una princesa y un sobre, un libro y un escritorio, un hospital y un accidente de coche, o unas sandalias y una toalla sobre la arena de la playa.

Tarea 10: La actividad consiste en la descripción por parte del paciente de su pueblo natal. Le ayudamos con imágenes, videos, y mapas que se encuentran con aplicaciones del ordenador.

Etapa 4:

Objetivo: La terapia finaliza con el trabajo en profundidad de los trastornos mnésicos, aunque anteriormente se haya rehabilitado de forma gradual dicha función con ejercicios de recuerdo, reconocimiento y orientación personal autobiográfica.

Como en toda la rehabilitación, cada semana se hará hincapié en dos tareas diferentes, integrando estas actividades de memoria con ejercicios de atención, fluidez y comprensión. Es necesario explicar que las tareas que se llevan a cabo son de sustitución funcional, que pretenden sustituir la memoria alterada por otras habilidades intactas. Además, se le anima para que use estrategias de compensación como ayudas externas o la reestructuración del ambiente de su casa para que le sea más fácil recordar y actuar de manera funcional, autónoma y segura en su entorno más cercano.

Materiales: Los recursos materiales son de lápiz y papel para trabajar los ejercicios de rehabilitación. Además, se utilizará un ordenador para varios ejercicios en los que se presentan ítems visuales.

Tareas: Se describen diez tareas, dos tareas cada semana, intercalándose actividades de memoria, fluidez y comprensión utilizando los mismos materiales de las actividades de la atención. En un principio se le concede a F mucho tiempo para que tome contacto con la dinámica de las sesiones y se familiarice con las tareas y materiales. En las últimas sesiones de esta área se le da la oportunidad de repetir tareas muy parecidas para trabajar aspectos importantes de la atención.

Esta repetición sirve para obtener un feedback propio y poder observar las mejoras con la rehabilitación.

Tarea 1: En una hoja en la que están dibujados animales y objetos cotidianos de manera enmascarada, con zonas de dibujo en blanco. F ha de nombrarlos todos y a continuación, tras la retirada de la ficha se le pregunta si es capaz de decir todos los que recuerda. Se le ayuda con claves semánticas y fonológicas si no recuerda alguno de ellos. Por último, ha de formar una oración, con significado, con cada uno de los dibujos.

Tarea 2: En cartulinas se le presentan dibujos de frutas, animales, instrumentos musicales, plantas, y profesiones. El paciente ha de identificarlas y nombrarlas en voz alta cada una de ellas con atención. Seguidamente la tarea consiste en memorizarlas asociándolas, intentando crear una historia con ellas.

Tarea 3: En esta tarea se hace uso de las cartulinas de la tarea anterior. Se le muestran todas para que las identifique y a continuación se tapan todas ellas y se le pregunta por las que recuerda. Si F, no es capaz de recordarlas, ha de responder a preguntas claves que le hará el neuropsicólogo para poder conseguirlo. Por ejemplo, si no es recuerda el dibujo de una falda, el psicólogo le indicará: "Había una prenda de vestir, ¿cuál era?".

Tarea 4: Esta actividad es el juego popular de las palabras encadenadas. Las reglas del juego son las siguientes: el neuropsicólogo y F establecen un turno de juego alternante, en el cual tras el último le vuelve a tocar al primero. El primero dice una palabra y el siguiente debe decir una palabra que empiece con la última letra de la palabra anterior. La regla fundamental es no repetir las palabras ya mencionadas por cualquiera de los dos jugadores.

Tarea 5: En el ordenador, se presenta en una pantalla en blanco un único objeto que ha de identificar nombrándolo en voz alta. A continuación, esta pantalla desaparece y en su lugar aparece otra en el que está el mismo objeto anterior junto con otros nuevos. El paciente ha de señalar el objeto que visualizó en un primer lugar.

Tarea 6: Se presenta en el ordenador una serie de dibujos ordenados de una manera específica. La instrucción que se le da a F es que realice dicha ordenación de los dibujos, que tendrá en formato papel en la mesa. Las series se irán complicando en número de ítems que ha de ordenar.

Tarea 7: Se le enseña en esta ocasión diez fotografías de caras de personas junto con un nombre propio. La persona ha de observarlas con atención y asociar cada una con su nombre. Después únicamente se le presentan, de una en una, las fotografías y F tiene que seleccionar el nombre propio que antes le ha sido asignado a cada una. Es una tarea de recuerdo de nombres y su asociación con caras de personas.

Tarea 8: Usando las fotografías de la tarea anterior, en primer lugar, se le vuelven a enseñar las fotos. Y se le pide que las nombre si recuerda cada una de ellas. Por último, se le presentan dichas fotografías junto con otras más que nunca se le han enseñado. La tarea es que F discrimine todas las fotos y que únicamente indique las que le han sido presentadas en la actividad anterior.

Tarea 9: Se le presenta a la persona de manera auditiva una serie de palabras que tendrá que repetir en el mismo orden. Primero se hará con una palabra y su repetición, y gradualmente se aumentará la dificultad de la tarea con series de palabras cada vez mayores. Cuando la actividad finalice, se le anima al sujeto a que enumere todas las palabras que le sea posible recordar.

Tarea 10: En esta actividad se utiliza los mismos materiales visuales que en ejercicio 5, pero se aumenta la dificultad de la tarea puesto que la persona ha de identificar varios objetos en situaciones espaciales diferentes. Además, cuando se presentan junto con otros objetos, éstos aumentan en número para hacer más complicada la tarea y que F se esfuerce en su recuerdo y su rastreo visual.

6. Discusión

En este trabajo se hace especial atención al proceso de rehabilitación neuropsicológico, ya que es un proceso que conlleva la mejora a nivel funcional e independiente de la persona.

Al tratarse de un traumatismo craneoencefálico, se tuvo en cuenta tanto para la evaluación como para la rehabilitación, la causa principal del impacto, el tipo de alteración cerebral provocada, la localización anatómica del daño, y las consecuencias a nivel cognitivo.

La evaluación se basó tanto en el análisis cuantitativo de las pruebas neuropsicológicas como el análisis cualitativo mientras las realizaba y a medida la persona realizaba las tareas propuestas.

Tras la evaluación, se llega a la conclusión de que el paciente muestra limitación funcional y psicosocial. Además, tiene problemas en los mecanismos atencionales tanto en la focalización como en el sostenimiento. La persona es lenta en la velocidad de procesamiento. La memoria es deficitaria tanto a nivel verbal como visual, y las capacidades ejecutivas han sido alteradas. El evaluador llegó a la conclusión de que el paciente tiene una lesión cerebral fronto-temporo-parietal izquierda según las pruebas realizadas. Por lo tanto, podría beneficiarse de un programa de rehabilitación neuropsicológica intensivo con finalidad de mejorar su funcionamiento psicosocial y en definitiva su calidad de vida. Tras la conclusión del evaluador se planificó un programa de tratamiento individualizado para la persona. Teniendo en cuenta sus datos biográficos, educativos, ambiente social, motivaciones, fortalezas y limitaciones de la persona, se utilizó material atractivo para él y tareas generalizables en su vida cotidiana.

Se observaron cambios en las actuaciones del paciente, tanto en el proceso de rehabilitación en la sesión como en su vida cotidiana. Los resultados de forma global fueron positivos.

Los aspectos por mejorar en la propuesta de intervención son: la mayor implicación en la rehabilitación de sus familiares, la corta duración de cada sesión, la puesta en práctica de ejercicios o tareas en su propio entorno, y el mantenimiento de los mismos profesionales en toda la rehabilitación.

7. Referencias

1. De Noreña D, Ríos-Lago M, Bombín-González I, Sánchez-Cubillo I, García-Molina A, Tirapu-Ustárroz J. Efectividad de la rehabilitación neuropsicológica en el daño cerebral adquirido (I): atención, velocidad de procesamiento, memoria y lenguaje. Rev Neurol 2010; 51(11):687-698.

2. Noreña D, Sánchez-Cubillo I, García-Molina A, Tirapu-Ustárroz J, Bombín-González I, Ríos-Lago M. Efectividad de la rehabilitación neuropsicológica en el daño cerebral adquirido (II): funciones ejecutivas, modificación de conducta y psicoterapia, y uso de nuevas tecnologías. Rev Neurol 2010;51(733):44

3. Ardila A, Ostrosky F. Guía para el diagnóstico neuropsicológico. Florida: American Board of Professional Neuropsychology 2012.

4. Chastinet J, Morais C, Solovieva Y. Rehabilitación de un caso de afasia acústico-mnésica como resultado de un trauma craneoencefálico: un abordaje Luriano. Neuropsicologia Latinoamericana 2011; 3(1).

5. Bárcena-Orbe A, Rodríguez-Arias C, Rivero-Martín B, Cañizal-García J, Mestre-Moreiro C, Calvo-Pérez J, et al. Revisión del traumatismo craneoencefálico. Neurocirugía 2006; 17(6):495-518.

6. Losada AL. Trauma craneoencefálico. Revista Facultad de Salud-RFS 2015; 1(2):73-88.

7. Carvajal-Castrillón J, Pelaez AR. Fundamentos teóricos y estrategias de intervención en la rehabilitación neuropsicológica en adultos con daño cerebral adquirido. CES Psicología 2013; 6(2):135-148.

8. Salas C, Báez MT, Garreaud AM, Daccarett C. Experiencias y desafíos en rehabilitación cognitiva: ¿Hacia un modelo de intervención contextualizado? Revista Chilena de Neuropsicología 2007; 2(1): 21-30

9. Butfield E, Zangwill O. Reeducation in aphasia: a review of 70 cases. Journal of Neurology Neurosurgery Psychiatry 1946; 9:75-9.

10. Folstein et al "Mini- Mental State. Journal of Psychiatric Reserches 1975;12:189-198

11. Folstein et al "Mini- Mental State". Journal of Psychiatric Reserches 1975; 12:189-198

12. Madrid L. Versión española del Test de los 7 Minutos. Datos normativos de una muestra poblacional de ancianos de más de 70 años. Neurología 2004; 19(7): 344-358.

13. Solovieva Y. Rehabilitación neuropsicológica clínica: casos de adultos y adolescentes. Revista Neuropsicologia Latinoamericana 2013; 5(1): i-iii.

14. Goodglass H, Kaplan E. La evaluación de la afasia y trastornos relacionados. Panamericana. 1986: 7-190

15. Renzi E, Vignolo L The Token Test; a sensitive Test to detect receptive Disturbances in aphasics Brains 1962; 85: 665-678.

16. Barrera JBJ, Machinskaya RI. Rehabilitación Neuropsicológica de un caso de lesión fronto-temporal derecha como resultado de un traumatismo craneoencefálico. Neuropsicologia Latinoamericana 2013;5(1): Solovieva Y. Rehabilitación neuropsicológica clínica: casos de adultos y adolescentes. Revista Neuropsicologia Latinoamericana 2013;5(1): i-iii.

17. Gupta A, Naorem, T. Cognitive retraining in epilepsy. Brain Injury 2003;17(2): 161-174.

18. Mateer CA. Fundamentals of cognitive rehabilitation. Effectiveness of Rehabilitation for Cognitive Deficits 2005; 21-29.

.

Evaluación neuropsicológica y plan de tratamiento de un caso con esquizofrenia

7

Nieves Martín García

1. Introducción

La esquizofrenia, es una de las enfermedades que más discapacidad causa al ser humano. Forma parte de las diez principales causas de incapacidad reconocidas por la OMS, en la población mundial. Suele iniciarse en la adolescencia y en la edad adulta temprana y produce un intenso deterioro funcional en diversos aspectos de la vida, como la socialización, el rendimiento laboral y académico y la capacidad de Autocuidado.

Es la enfermedad mental más estudiada desde la perspectiva neuropsicológica. La similitud con las manifestaciones observadas en las enfermedades neurodegenerativas y los avances realizados en el estudio de la neurocognición han posibilitado el planteamiento de un nuevo paradigma en la concepción de la psicosis como trastorno neurocognitivo [1].

En 1996, fue Green [2] quien demostró el impacto definitivo del déficit cognitivo en el funcionamiento de la vida cotidiana de los pacientes esquizofrénicos, lo que supuso la base del cambio conceptual den la esquizofrenia. Los factores cognitivos podrían explicar entre un 20 y un 60% de la varianza del pronóstico funcional de los pacientes esquizofrénicos [3].

El rendimiento de los pacientes con esquizofrenia se sitúa en torno a 1,5 – 2 desviaciones típicas por debajo de los controles en una variedad de tareas neurológicas que evalúan memoria verbal, memoria de trabajo, fluencia verbal, atención, velocidad de procesamiento de la información y resolución de problemas entre otras [4].

Los análisis neuropsicológicos realizados hasta el momento sugieren que no existen déficits cognitivos que sean exclusivos de la esquizofrenia y observan una gran heterogeneidad en los perfiles de afectación cognitiva [1].

En la actualidad se admite que los déficits cognitivos en la esquizofrenia son una característica fundamental de la enfermedad. Se postula que pueden ser la base de la enfermedad [5]. Los estudios han demostrado que los déficits cognitivos no son secundarios a síntomas positivos ni negativos [6], ni a los tratamientos farmacológicos [7], que se encuentran en mayor o menor intensidad en la totalidad de los sujetos afectados de esquizofrenia [8].

Del mismo modo, hay una literatura extensa sobre las alteraciones estructurales en el cerebro de personas con esquizofrenia. Por ejemplo, pérdida de densidad la sustancia gris en el lóbulo temporal y la dilatación ventricular (véase la Figura 1).

Figura1. *Diferencias en sustancia gris y ventrículos entre sujetos normales y esquizofrénicos.*

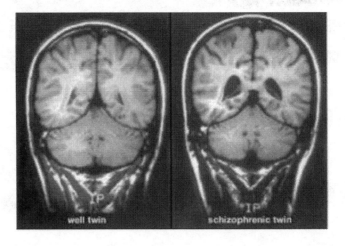

Por otro lado, Hugdahl et al. Han encontrado que las alucinaciones auditivas en la esquizofrenia están asociadas a la activación de la circunvolución temporal superior izquierda (véase la figura 2). Los pacientes tienen dificultades en las funciones ejecutivas lo localizadas en áreas fronto-parietales y no pueden suprimirlas a nivel cognitivo debido a que tienen una mayor atención a las "voces" [9].

Figura 2. *Diferencias en áreas temporales entre pacientes con y sin alucinaciones* (tomado de Hugdahl et al.)

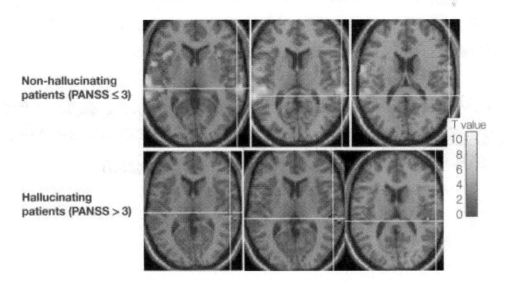

Basándonos en todo lo anteriormente expuesto, con el presente capítulo, se pretende comprobar cuál es el estado actual de las diversas capacidades cognitivas del sujeto a estudio. Verificar si las tareas neurológicas que evalúan memoria verbal, memoria de trabajo, fluencia verbal, atención, velocidad de procesamiento de la información y resolución de problemas, realmente están afectadas. Si fuera así se le someterá a un tratamiento de rehabilitación individualizado, con el fin de que su pronóstico funcional como paciente con esquizofrenia, mejore.

2. Objetivo

El presente capítulo pretende analizar las funciones neuropsicológicas de un caso clínico con esquizofrenia, para saber en qué estado se hallan sus capacidades cognitivas. Esto se hará mediante test neuropsicológicos. Asimismo, y dependiendo de los resultados se realizar un plan de tratamiento neuropsicológico individualizado.

3. Método

3.1. Descripción del caso

Z es un varón de 38 años de edad con un diagnóstico de Esquizofrenia Paranoide desde los 20 años y con crisis de repetición. Z es consumidor de sustancias estupefacientes desde los

163

14 años, en la actualidad lleva sin consumir dos años. Refiere haber tenido constantes episodios de alucinaciones visuales (en todas ellas veía salir pájaros de la boca de su abuela), auditivas (creía que la gente hablaba de él), y tener ideas referenciales (sentía que la gente le miraba, y le quería hacer daño). Ha vivido mucho tiempo en la calle. Su enfermedad, el consumo de estupefacientes y su situación de "sin techo", le han llevado a cometer delitos de allanamiento, robo con fuerza y pequeños hurtos que le mantienen entrando y saliendo de prisión desde el 2013. En la actualidad está tomando tratamiento farmacológico de manera continuada y sus alucinaciones han remitido. La medicación es:

Risperidona 50mg (Inyectable)

Risperidona 1mg c/56 (0-0-2)

Levomepromazina 25mg (0-0-1)

Cloracepato Dipotásico 10mg (1-0-1)

Actualmente está interno en el centro penitenciario, esta situación le sirve como método de control de sus condiciones vitales y autocuidado.

3.2.- Instrumentos

Para valorar su grado de deterioro cognitivo así como sus capacidades cognitivas básicas y superiores se le aplican las siguientes pruebas:

Cuestionario DEX de la Escala BADS: Se utiliza para la evaluación de pacientes con síndrome disejecutivo, un síndrome del lóbulo frontal. Evalúa solución de problemas, atención, habilidades de organización en periodos extendidos de tiempo y capacidades de la vida diaria para establecer prioridades ante demandas en competición. Consiste de 6 subtests: Juicio temporal. Cambio de regla. Programa de acción o habilidad para resolver problemas prácticos. Búsqueda de la clave o habilidad para formular estrategias [10].

Test del Mapa del Zoo de la Escala BADS: El primero consiste en una versión de alta demanda en la que las habilidades de planificación del sujeto son rigurosamente puestas a prueba. Para minimizar los errores, los sujetos deben planificar con antelación el orden en que visitarán los lugares designados. Se producirán errores si los sujetos simplemente siguen el orden indicado en las instrucciones. En el segundo, o ensayo de baja demanda, el sujeto sólo tiene que seguir las instrucciones para producir una actuación sin errores. Siguiendo directamente las instrucciones en la versión de alta demanda se obtendrá la máxima puntuación de errores. En ambas versiones del test se valora la habilidad del sujeto para minimizar errores modificando su actuación sobre la base de un feedback, una vez la regla haya sido infringida. Es previsible que la actuación en ambos ensayos permita una evaluación cuantitativa de la habilidad espontánea de planificación del sujeto, cuando la estructura es mínima, en comparación con la habilidad para seguir una estrategia concreta impuesta, cuando la estructuración de la tarea es alta. La actuación en este test ayudará también al clínico a llegar a un juicio acerca de lo útil que puede ser para el paciente el uso de listas para compensar dificultades en el funcionamiento ejecutivo [10].

Test de fluidez verbal (FAS en adelante): Valora la fluidez verbal mediante la producción espontánea de palabras ante una consigna fonológica y semántica [11, 12]. Se emplearon la letra A, P y C para la clave fonológica.

Trail Making Test (TMT-A/B en adelante): Se evalúa la velocidad de procesamiento de la información (TMT-A) y el cambio atencional o flexibilidad mental (TMT-B) [13].

Brief Test of Attention (BTA en adelante): Instrumento que mide la atención dividida mediante unas 10 listas de letras números con longitud variable entre 4 y 18 elementos. El sujeto debe indicar cuantos números contiene cada lista, ignorando las letras. Posteriormente, el sujeto debe hacer los mismo pero contando las letras e ignorando los números. Si no hay errores, la puntuación máxima es de 20 [14].

Stroop No Verbal: Es uno de los subtest de la *Escala Manipulativa Internacional de Leiter.* Evalúa funciones ejecutivas de control inhibitorio y atencional, así como control de la memoria y capacidad del sujeto para clasificar información de su entorno y reaccionar selectivamente a esa información [15].

Historias Happé: Instrumento que evalúa la cognición social [16].

Sub-escalas de Semejanzas, Dígitos, Vocabulario, Letras y Números, del Wechsler adult intelligence scale–Fourth Edition (WAIS–IV en adelante). El WAIS evalúa inteligencia general. Por otra parte, la tarea de semejanzas permite analizar el razonamiento abstracto, los dígitos el span atencional, letras y números velocidad de procesamiento de la información [17].

Escala de Memoria de Wechsler (WMS III en adelante): Es una batería destinada a evaluar tres tipos de memoria: inmediata, demorada y memoria de trabajo. Consta de 11 pruebas, 6 principales y 5 optativas. Incluye pruebas de recuerdo y reconocimiento en las modalidades auditiva y visual [18].

4. Resultados de la Evaluación

Conducta durante la exploración

El paciente muestra adecuados niveles de alerta y comprensión de las instrucciones en todas las sesiones. Z se muestra colaborador durante la aplicación de las pruebas. Pregunta continuamente por su estado, "si está o no muy mal". Se encuentra orientado en las tres esferas. No se muestra fatigado en el transcurso de las diversas sesiones.

Comportamiento, Conciencia del Déficit y Estado Emocional

El paciente exhibe formas de contacto socialmente adecuadas. En la actualidad no se observan episodios de falta de control conductual, ni conductas agresivas. No es muy consciente de sus dificultades cognitivas, pero si dice tener ciertas dificultades cognitivas con implicaciones en la vida diaria ("se distrae, no puede pensar mucho tiempo en algo, se cansa rápidamente, no es capaz de leer durante un tiempo"). Su estado emocional en la actualidad es bueno, muestra buen carácter con sus compañeros y éstos se lo devuelven con su conducta.

A continuación se presentan los resultados obtenidos de la evaluación neuropsicológica, mostrado mediante puntuaciones directas y percentiles. Del mismo modo, para interpretar los resultados de manera comprensible se indica el grado de afectación de modo cualitativo mediante el siguiente orden: *No afectación, Moderada, Media, Alta*. Esto es así en todos los test, excepto en el DEX, que la graduación es de la siguiente manera: *Nunca, Raramente, A veces, A menudo, Muy frecuentemente* (véase tabla 1).

Tabla 1. *Resultado descriptivo del DEX*

Característica de Síndrome Disejecutivo	Medida
Problemas de razonamiento abstracto	A menudo
Impulsividad	Muy frecuente
Confabulación	A veces
Problemas de planificación	Muy frecuentemente
Euforia	A veces
Problemas de secuenciación temporal	A veces
Falta de perspicacia y conciencia social	A menudo
Apatía y falta de iniciativa	Muy frecuentemente
Desinhibición	A veces
Perturbación del control de impulsos	A menudo
Respuestas afectivas superficiales	Nunca
Agresividad	Nunca
Despreocupación	Nunca
Perseveración	Raramente
Inquietud – Hiperkinesia -	Nunca
Falta de habilidad para inhibir respuestas	A veces
Disociación conocimiento – respuesta –	A veces
Distractibilidad -	A menudo
Pérdida de la habilidad para decidir – hacer –	A menudo
Despreocupación por las reglas sociales	A menudo

Funciones ejecutivas

El paciente presenta dificultades graves en la planificación (véase la Tabla 2).

Tabla 2. *Resultados del Test del Mapa del Zoo*

	Tiempo	PD	Punt. Total	Interpretación
Versión 1	5min. 2seg.	-4	0	Afectación Alta
Versión 2	3min.	3		

Del mismo modo existen problemas de planificación que le afectan en su día a día, (planificar actividades, organizar la secuenciación de las tareas diarias.). Esto, giran en torno a la dificultad de organizar los elementos necesarios para lograr una meta. Le cuesta fijarse objetivos y establecer la secuencia temporal para lograrlos.

Fluidez verbal

Z tiene una afectación en la fluencia verbal muy grave. Su capacidad de producir palabras con una fluencia fonológica se ve muy afectada.

Tabla 3. *Resultados del FAS*

	Letra P	
	Percentil	Interpretación
Nº Palabras	1	Afectación Alta

Procesamiento de la información y cambio atencional

Z muestra una capacidad media para establecer la relación entre la ejecución cognitiva y el tiempo invertido en realizar una tarea. La secuencialidad, la flexibilidad mental, así como la búsqueda visual y la función motora necesaria para llevar a cabo la ejecución de la conducta deseada, aparecen afectadas en un grado importante. Le cuesta mucho la búsqueda visual, ignorar distractores (véase la Tabla 4).

Tabla 4. *Resultados del TMT*

	Tiempo	Errores	Percentil	Interpretación
TMT A	90seg	1	Menor de 10	Afectación Alta
TMT B	120 seg.	6	Menor de 10	Afectación Alta

Atención

Z presenta una afectación media para mantener la atención durante periodos de tiempo prolongados, apareciendo síntomas prematuros de fatiga en la atención (véase la Tabla 5).

Tabla 5. *Resultados del BTA*

	Percentil	Interpretación
Forma N (números)	70	Afectación. Media
Forma L (letras)	60	Afectación. Media
BTA puntuación total	65	Afectación. Media

Control inhibitorio

El control inhibitorio no se ve afectado en Z. Es capaz de mantener su control ante la petición externa explicita, aunque tiende a acelerar su respuesta si cree que se está midiendo su capacidad (véase la Tabla 6).

Tabla 6. *Resultados del Stroop No Verbal*

	Puntuación Escalar	Percentil	Interpretación
3 A	12	75	No Afectación
4 B	12	75	No Afectación

Cognición social

Muestra afectación en la capacidad para comprender las relaciones sociales. No comprende a los otros: sus emociones, pensamientos, intensiones, conducta social y puntos de vista generales. Esto hace que su conducta en algunas situaciones sociales sea inapropiada. Por ejemplo: Ante una expresión de preocupación de otra persona, él puede reaccionar riéndose porque le puede parecer gracioso que esa persona cambie el gesto, o puede reaccionar contando una anécdota propia que no tenga ninguna relevancia en ese momento.

La manera en que la gente procesa la información social, en particular su codificación, almacenamiento, recuperación y aplicación en situaciones sociales, le resulta muy complejo de entender. Muestra dificultades para darse cuenta del alcance de un problema. Por ejemplo; cuando era más joven pudo firmar un contrato con el equipo de futbol del Real Madrid. El día de la firma, cuando estaban esperándole, él salió de trabajar y sin ir a la cita, se fue con una chica a celebrarlo. Esto hizo que nunca llegara a firmar ese contrato. Cuando él cuenta este hecho, lo cuenta con orgullo por haber sido elegido por un equipo de esa categoría, no se da cuenta de la oportunidad que perdió. Y lo suele contar cuando otra persona narra algún hecho positivo que le hace feliz (véase la Tabla 7).

Tabla 7. *Resultados en las Historias Happé*

	Percentil	Interpretación
Hª ToM	12	Afectación Alta
Hª Control	37	Afectación Media

Inteligencia

En cuanto a los resultados sobre el cociente de inteligencia, Z presenta una afectación se encuentra en un intervalo medio- alto. Esta es más alta en el área verbal que en el manejo de números. El rendimiento intelectual del paciente se sitúa en un grado inferior en relación a su grupo de edad. En lo relativo al razonamiento, se evidencia dificultad en el verbal mental (véase Tabla 8).

Tabla 8. *Resultados del WAIS*

	Puntuación escalar	Percentil	Interpretación
Semejanzas	2	48	Afectación Alta
Vocabulario	5		
Dígitos	8	83	Afectación Media
Letras y Números	8		

El razonamiento de Z está basado en analogías incorrectas. Cuando tiene que obtener una conclusión a partir de premisas en las que se establece una comparación o analogía entre elementos o conjuntos de elementos distintos, muestra una afectación alta. Por ejemplo, sus razonamientos son de este tipo: "La Tierra está poblada por seres vivos; Marte es análogo a la Tierra (ya que es un planeta, está en el sistema solar, es esférico, etc.). Entonces Marte debe estar poblado por seres vivos.

Memoria

La capacidad para el mantenimiento, actualización y manipulación de la información, se encuentran disminuidas en Z. También aparecen dificultades en la capacidad de almacenamiento y recuperación de la información (véase la Tabla 9).

Tabla 9. *Resultados del WMS*

	Puntuación escalar	Percentil	Interpretación
Textos I	4/19	75	Afectación Alta
Textos II	7/19		Afectación. Moderada
Localización Espacial	10/19	83	No Afectación

La capacidad de mantenimiento, actualización y manipulación de la información, tienen una afectación leve. No siendo así en amplitud de la agenda visoespacial que no se muestra afectación.

5. Descripción del tratamiento

Se especifica el tratamiento por cada uno de los valores cognitivos evaluados.

Conciencia del Déficit

La terapia estará basada en el aumento de la conciencia sobre las consecuencias de las propias conductas y cómo estas pueden afectar de forma negativa en el entorno. De este modo, se fomenta el diálogo socrático para que el paciente tenga conciencia de su situación actual. Se proporciona información del estado cognitivo actual.

Atención sostenida

- Tareas que requieren responder consistente y sostenidamente a la información presentada.

  – material visual (tareas de cancelación).

  – material auditivo (más exigente).

- Tareas ordenadas jerárquicamente según demandas de control atencional y procesamiento de la información.

- Tareas con información distractora o irrelevante durante el desempeño de la actividad.

  – material visual (tareas de cancelación).

  – material auditivo: – mismos estímulos que en grupo anterior, pero entremezclados con ruidos ambientales distractores (grabación de un noticiero, ruido de un bar, una conversación, etc.)

- Actividades para el Control y Cambio Atencional. Actividades que requieren redirección flexible y reubicación de la atención, frente a cambios repetidos en las demandas de la tarea (actividades tipo "Stroop").

- Rehabilitación de la atención mediante el entrenamiento en estrategias, por ejemplo: Establecer reglas generales para el paciente; aprender a manejar el tiempo; detectar cuánto tiempo le lleva hacer determinada actividad ahora; controlar que se realice en el tiempo requerido, sin apurarse; identificar el momento del día más productivo; y anotar en un cuaderno de "ideas" los pensamientos distractores para que no interfieran con la actividad actual, no dedicarle más de tres minutos.

Velocidad de procesamiento

Tareas que conllevan reconocer patrones visuales simples en las tareas de exploración visual, asumir las pruebas que requieren la toma de decisiones sencillas, realizar cálculos aritméticos básicos, manipular números o realizar tareas de razonamiento bajo presión. Las tareas van enfocadas en función de dos variables: modalidad en la que se presenta el estímulo, que puede ser visual, auditivo, visoauditivo, táctil, etc. Y la modalidad en la que se ejecuta la respuesta, que puede ser igualmente verbal, motora, etc. Se trata de un generador de ejercicios de búsqueda de símbolos, fichas de "Velocidad de Procesamiento", por ejemplo:

- Leer dibujos: La tarea consiste en nombrar ordenadamente los dibujos que se presentan. En esta tarea el formato de entrada es visual y el de salida es verbal.

- Colocar: Son un conjunto de actividades en las que el paciente debe colocar o manejar material manipulativo como las piezas del ajedrez o las fichas del dominó, entre otras. Es una tarea donde el formato de salida es motor fino.

- Marcar el ritmo: El paciente debe dar diferentes golpes en función del número de dibujos que se le van presentando. Esta actividad combina un formato de entrada visual con un formato de salida gestual.

- Hacer - No hacer: Es una actividad de las llamadas "Go - No Go". El paciente debe nombrar determinados dibujos de una manera diferente a su forma habitual, mientras que otros los nombra correctamente. Por ejemplo, cuando aparece un gato, debe decir "perro", y cuando aparece un perro, dirá "gato", nombrando correctamente el resto de dibujos que se le ofrecen. El formato de entrada es visual y el de salida verbal, incorporando una inhibición de la respuesta habitual.

- Gestos: El paciente debe realizar los gestos que se le van proponiendo. Es una actividad con un formato de entrada auditivo, y un formato de salida gestual o motor.

- Decir palabras: En este caso, el paciente tiene que responder de manera verbal a las palabras que se le van proponiendo. El formato de entrada es auditivo, y el de salida, verbal.

Memoria

Se utilizan diferentes estrategias de memorización:

- Técnica de la historieta: construir una historia con los elementos que han de memorizarse. El fundamento es unir la imagen con la acción y la emoción.

- Método de las palabras gancho: relacionar la información a memorizar con los números naturales. Primero se memorizan los objetos unidos a los números por medio de la asociación. Los objetos escogidos tienes que tener alguna relación con los números, por ejemplo: uno-tuno, siete-cachete, ocho-bizcocho, etc. Estos objetos serán las palabras gancho, que tendremos que relacionar con la información a memorizar, la cual asociaremos a través de una relación visual. Si por ejemplo la información a recordar fuera: balón, hombre, abuela, se imagina a un tuno jugando al balón, a un hombre...

Memoria de trabajo

Para rehabilitar la memoria de trabajo se van haciendo ejercicios con las siguientes características. Con el fin de que el paciente aprenda técnicas de memorización. Si se pide que el paciente retenga las letras: "R – T – K – X" le estamos pidiendo que almacene 4 unidades ocupando su capacidad máxima. Pero si le decimos que repita las letras "P – A – L – O" y antes de anotarlo descubre que puede organizarlas en un único elemento con significado (formando la palabra "palo"), entonces realmente le estamos demandando que almacene una única unidad, un *chunk*.

Más tarde se pide al paciente que retenga 4 palabras, como "grifo – nube – ecuador – sonrisa". Como está trabajando en el nivel de las palabras, puede retenerlas correctamente ocupando toda su amplitud de memoria. Pero si analizamos su texto en el nivel de las letras, resulta que en esta ocasión habría escrito veintitrés letras, las que componen las cuatro palabras escritas. Su amplitud ha pasado de 4 letras a 23 letras. Esto es, porque la memoria de trabajo en el segundo caso está operando con *chunks* en un nivel de organización superior.

Siguiendo con el ejemplo, en un tercer ejercicio, se pide al paciente que retenga y anote la secuencia de palabras "vacía – casa – la – está". Antes de anotarlo, la persona descubre que puede organizar las palabras y formar una frase: "la casa está vacía". Entonces genera un *chunk y* estructura la información en un nivel de significación más alto que el de las palabras, ocupando un único espacio de los 4 disponibles en su memoria de trabajo. Para el sujeto, resulta igual de demandante retener cuatro letras no relacionadas que retener cuatro palabras no relacionadas (aunque estén compuestas por un gran número de letras) que retener cuatro frases (aunque estén compuestas por un número aún mayor de letras).

El proceso de recodificación de la memoria operativa puede realizarse por agrupamiento, pero también se beneficia de las pausas, del ritmo y de la prosodia del lenguaje. En todo caso la capacidad de la memoria a corto plazo puede establecerse en 4±1 chunks.

Control de la inhibición

Se usan tareas que pueden ayudar a este proceso entre las más conocidas están las de go-no go en las que el paciente tiene que inhibir un estímulo para dar respuesta a otro. Los ejercicios se llevan cabo en ambientes donde existan muchos estímulos visuales, auditivos y el paciente tiene que elegir uno entre todos.

Fluencia verbal

Se realizan con el paciente diversas tareas verbales como son las sopas de letras, el juego del ahorcado, los crucigramas, anagramas, completar palabras, crear listados de familias de palabras, etc.

Funciones ejecutivas

Se trabajan los siguientes aspectos:
- Selección y ejecución de planes cognitivos: Se elije una tarea de la vida diaria del sujeto y se marcan los pasos a seguir para la actividad compleja. El establecimiento

de la secuencia ordenada de cada fase. El inicio de la actividad. Las habilidades de organización. La revisión y retroalimentación del plan.

- Manejo apropiado del tiempo: Cálculo de manera aproximada el llevar a cabo el plan. Crear horarios. Ejecutar el plan conforme a lo establecido. Revisar continuamente el tiempo.

- Autorregulación conductual: Conocer la propia conducta y la de los otros. Control de impulsos y aumento de capacidad reflexiva. Extinción de conductas inapropiadas. Todo ello mediante técnicas de modificación de conducta.

Razonamiento analógico

Se realizan con el paciente ejercicios de:

- Semejanza: Se establece relación o sinonimia o semejanza. Ejemplos: claro/ nítido; elegante/ grácil

- Contraste: Se establece una relación de oposición. Ejemplos: oscuro/ claro; ágil/ torpe

- Coordinación: Se relacionan elementos de distintos conjuntos. Ejemplos: gorrión/ paloma; sardina/ barbo

- Subordinación: Se relacionan elementos de un conjunto y uno de los subconjuntos que lo componen. Ejemplos: paloma/ pájaro; barbo/ pez

Cognición social

Llevada a cabo con un video juego llamado Emotionaltraining es un programa de rehabilitación online destinado a mejorar la cognición social, un constructo que abarca la percepción de emociones, la percepción social, la llamada Teoría de la mente y el estilo atribucional. El programa está diseñado partiendo de los estudios de autismo, para esquizofrenia y trastorno mental grave.

Las sesiones tendrán una duración de 45 minutos, y se realizan una vez por semana. Se lleva a cabo un registro a través de un diario de dificultades se buscará: 1) identificar la naturaleza y el contexto de las dificultades; 2) alentar al paciente a identificar qué podría haber hecho distinto para manejar mejor la tarea; y 3) registrar los logros y éxitos, este último componente creará confianza en el paciente y fomentará el refuerzo de estrategias de aprendizaje. Además de aumentar la sensación de auto-control en el paciente.

6.- Discusión

No debemos olvidar que el paciente se encuentra recluido en un centro penitenciario, donde las exigencias sociales son diferentes a la vida en libertad y sus opciones de tomar decisiones en sus habilidades para la vida diaria, están muy mermadas y mediatizadas por las normas y horarios del centro penitenciario.

En el ámbito en el que se encuentra el paciente, un centro penitenciario. Resulta muy complejo encontrar estímulos reforzantes externos. Los que hay están mediatizados por muchos factores, como pueden ser el tener que pasar por la decisión de multitud de personas antes de poder llegar a disfrutarlo. Otro problema para lograr el refuerzo o el estímulo que le sirve como tal, puede ser que éste, se encuentre en un lugar que le proporcione miedo o inseguridad. Por ejemplo, si el estímulo es hacer deporte en el gimnasio, esto depende de que los funcionarios tramiten la solicitud, que sus profesionales lo consideren apropiado y que la junta de tratamiento lo apruebe. Una vez salvados todos estos escollos, tiene que lograr que le dejen ir en un horario que no coincida con otros internos que se aprovechan o le tratan de manera despectiva. O que alguno de los internos le quiera perjudicar y provoque una pelea con nuestro paciente por lo cual se verá sancionado sin salir del módulo.

Esta demora en la consecución del refuerzo, puede hacer que el sujeto pierda interés en lograrlo. El estado emocional que mantiene en el centro, es bastante apagado y pasivo. La preocupación principal del paciente en este momento no es su rehabilitación cognitiva, si no que cambie finalice su situación de privación de libertad. Por lo que del tiempo de la sesión hay que dedicar una parte importante a buscar refuerzos en el interior del centro para poder proseguir con la rehabilitación. Todo lo expuesto anteriormente influye negativamente para la consecución de los objetivos de la rehabilitación.

7. Referencias

1. Tirapu Ustárroz J, Ríos Lago M, Maestú Unturbe F. Manual de neuropsicología. ed. Neurocognición y esquizofrenia. Barcelona: Viguera; 2011. p. 401

2. Green MF. What are the functional consequences of neurocognitive deficits in schizophrenia? Am J Psychiatry 1996; 153: 321-30

3. Green MF, Kern RS, Heaton RK. Longitudinal studies of cognition and functional outcome in schizophrenia: implications for MATRICS. Schizophrenia Res 2004; 72: 41-50

4. Nuechterlein KH, Barch DM, Gold JM, et al. Identification of separable cognitive factors in schizophrenia. Schizophr Res 2004; 72:29-39

5. Harvey PD, Sharma T. Cognitive deficits as a core feature or schizophrenia. Understanding and treating cognition in schizophrenia. A clinician's handbook. London: Martin Dunitz; 2002

6. Cuesta MJ, Peralta V, Cognitive disorders in the positive, negative, and disorganization syndromes of schizophrenia. Psychiatry Res 1995; 58: 227-35

7. Cassens G, Inglis AK, Appelbaum PS, et al. Neuroleptics: effects on neuropsychological function in chronic schizophrenic patients. Schizophr Bull 1990; 16: 477-99

8. Palmer BW, Heaton RK, Paulsen JS, et al. Is it possible to be schizophrenic yet neuropsychologically normal? Neuropsychology 1997; 11: 437-46

9. Hugdahl K, Løberg EM, Nygård M. Left temporal lobe structural and functional abnormality underlying auditory hallucinations in schizophrenia. Frontiers in neuroscience 2009; 3(1): 34.

10. Wilson BA, Alderman N, Burgesss P, Emslie H, Evans J. Behavioral of the dysexecutive syndrome Bury St Edmunds Valley Test Co. 1996.

11. Casals-Coll M, Sánchez-Benavides G, Quintana M, Manero RM, Rognoni T, Calvo L, ... & Peña-Casanova J. Spanish normative studies in young adults (NEURONORMA young adults project): norms for verbal fluency tests. Neurología (English Edition) 2013; 28(1): 33-40.

12.Hurks PPM, Vles JSH, Hendriksen JGM, Kalff AC, Feron FJM, Kroes M, et al. Semantic category fluency versus initial letter fluency over 60 seconds as a measure of automatic and controlled processing in healthy school-aged children. Journal of Clinical and Experimental Neuropsychology 2006; 28: 684-695

13. Sánchez-Cubillo I, Periáñez J.A, Adrover-Roig D, Rodríguez-Sánchez J.M, Ríos-Lago M, Tirapu J, Barceló F. Construct validity of the Trail Making Test: Role of task-switching, working memory, inhibition/interference control, and visuomotor abilities. JINS 2009; 15: 438-450.

14. The Brief Test of Attention en inglés o test breve de atención en castellano,.Schretlen (1996).

15. Gale H. Roid, Ph. D., Lucy J. Miller,Ph.D., Mark Pomplun,Ph.D.and Chris Koch, Ph.D. Leiter-3. Escala manipulativa internacional de Leiter. Tercera edición.

16. Pousa, E. (2002). "Measurement of Theory of Mind in Healthy adolescents: Translation and cultural adaptation or F. Harppe´s Theory of Mind Stories (1999). Trabajo de investigación. Programa de Doctorado en Psicopatología infanto juvenil y adulto. Departamento de Psicología de la Salud y Psicología Social. Universidad Autónoma de Barcelona.

17. Wechsler D. Wechsler adult intelligence scale–Fourth Edition (WAIS–IV). San Antonio, TX: NCS Pearson. 2008. 22, 498.

18. Wechsler D. Escala de Memoria de Wechsler. 2004.TEA Ediciones, S.A.

Evaluación de las funciones ejecutivas en una mujer con trastorno límite de la personalidad

8

Ana Jiménez Escribano

1. Introducción

Según el DSM-5 el Trastorno Límite de la Personalidad (TLP) pertenece al Clúster B que engloba a las personalidades emocionalmente inestables. Las características clínicas principales giran en torno a estados emocionales de ansiedad y depresión, disregulación emocional, relaciones interpersonales caóticas e intensas, alteración de la identidad y profundo síntoma de vacío, falta de control de los impulsos, conductas auto-destructivas y tendencias suicidas y parasuicidas [1].

El TLP es uno de los trastornos mentales que más controversia genera por las dificultades en su evaluación, diagnóstico y tratamiento, así como por su prevalencia tanto en la población general 5.9% [2] como en la clínica 10% - 25% [3]. La investigación en este campo no ha conseguido determinar una etiopatogenia clara, aunque existe un consenso en cuanto que podrían estar implicados factores tanto genéticos como ambientales [4].

La investigación sobre TLP ha centrado su atención en componentes conductuales del síndrome y los rasgos neurocognitivos, siendo igualmente importantes, han sido pasados por alto durante bastante tiempo, pero de unos años a esta parte, se está estudiando más a fondo su implicación en el trastorno. De hecho, en 1991 se llevó a cabo un estudio en el que se relacionaba el riesgo de suicidio en el TLP con el funcionamiento cognitivo y no con niveles de depresión [5].

En las dos últimas décadas, se ha tenido en cuenta el papel de algunos factores neuropsicológicos en el desarrollo del TLP en diversos estudios [6, 7]. Así mismo, se han desarrollado diferentes investigaciones que ponen de manifiesto las diferencias neurológicas y neuropsicológicas entre pacientes con TLP y otras patologías psiquiátricas y grupos control. Se propone que el daño Neurocognitivo juega un papel clave en el desarrollo y mantenimiento del trastorno, suponiendo un aspecto fundamental en la expresión del TLP [8].

Además de los hallazgos que implican una alta probabilidad de daño neurobiológico en este grupo de pacientes, en otros estudios se ha comprobado que la severidad del daño cerebral se correlaciona positivamente con la severidad de las alteraciones conductuales [9, 10].

A pesar de que todos estos estudios de investigación hayan indicado diferencias neuropsicológicas entre pacientes con TLP y otros grupos psiquiátricos o grupos control sanos, aún no hay acuerdo a la hora de plantear un modelo consistente de las alteraciones cognitivas en esta patología. Por ejemplo, un estudio realizado a finales de la década de 1980 fue incapaz de detectar diferencias entre pacientes con TLP y un grupo control sano en los dominios cognitivos de memoria, lenguaje y función espacial [11] y poco después se estudió la función neurocognitiva del TLP revelando diferentes alteraciones en pruebas de memoria y de discriminación visual en comparación con controles sanos.

Muchas de las investigaciones neuropsicológicas sobre TLP recientes han usado baterías neuropsicológicas más completas y parecen identificar alteraciones cognitivas más específicas. Se han comparado pacientes TLP con controles sanos en diferentes dominios cognitivos obteniéndose que los pacientes TLP puntuaron peor en pruebas de habilidades visuoespaciales, velocidad de procesamiento y pruebas de memoria no verbal, mientras que no se hallaron diferencias significativas en pruebas de atención y memoria verbal [12]. Otro estudio demostró que los pacientes puntuaban más pobremente en pruebas que valoran función ejecutiva (FE) como la planificación y toma de decisiones, pero no encontró diferencias en pruebas de memoria visual, incluyendo el reconocimiento visual [13]. En un meta análisis realizado por Anthony C. Ruocco los resultados revelaron diferencias significativas entre TLP y el grupo control en múltiples dominios neuropsicológicos (atención, flexibilidad cognitiva, aprendizaje, memoria, planificación, velocidad de procesamiento y habilidades visuoespaciales), encontrando que los mayores tamaños del efecto fueron para la planificación, dominio clave de las FE [14].

Según este autor los datos obtenidos son compatibles con los obtenidos en otro estudio y muestran correlaciones significativas entre medidas neuropsicológicas de la función del lóbulo frontal y la sintomatología TLP en una muestra de jóvenes adultos normales y una muestra de daño cerebral [15].

Lezak acuñó el término FE [16] para referirse a las capacidades necesarias para formular metas (motivación, conciencia de sí mismo y modo en el que percibe su relación con el mundo), las facultades empleadas en la planificación de los procesos y las estrategias para lograr los objetivos (capacidad de adoptar una actitud abstracta, valorar las diferentes posibilidades y desarrollar un marco conceptual que permita dirigir la actividad), las capacidades implicadas en la ejecución de planes(capacidad de iniciar, proseguir y detener secuencias complejas de conducta de un modo ordenado e integrado) y las aptitudes para llevar a cabo esas actividades de un modo eficaz (controlar, corregir y autorregular el tiempo, la intensidad y otros aspectos cualitativos de la ejecución).Ello incluye, entre otros aspectos, la motivación, la conciencia de sí mismo, el pensamiento abstracto o la capacidad para iniciar, proseguir y detener secuencias complejas de conducta de un modo ordenado e integrado.

Diversos estudios con técnicas de neuroimagen funcional en pacientes con TLP, han demostrado la implicación de la corteza prefrontal (CPF) y, más específicamente, de las regiones orbitofrontales, en las respuestas impulsivas y agresivas que caracterizan la conducta de estos pacientes [17]. Entre los resultados obtenidos se observó una disminución de la actividad en regiones prefrontales, especialmente en las regiones orbitofrontales (áreas 9, 10 y 11 de Brodman) en comparación con un grupo control. Además, se encontró una relación negativa entre la disminución del metabolismo o actividad prefrontal y las puntuaciones obtenidas por los pacientes en las escalas que valoran impulsividad y agresividad. Se han descrito también alteraciones estructurales que afectan principalmente a las regiones frontales y límbicas [18].

La CPF se considera fundamental para el control cognitivo del comportamiento, el control de la impulsividad y la regulación de las emociones, todas ellas áreas de funcionamiento severamente afectadas en el TLP [19].

Un estudio desarrollado por Besteiro (2000) con personas diagnosticadas con trastornos de personalidad proporciona evidencias de posibles déficits o anomalías en las funciones neuropsicológicas prefrontales, de autorregulación de la conducta, autocontrol y, en general, de funciones ejecutivas cognitivas [20].

La conducta de las personas afectadas por alteraciones en el funcionamiento ejecutivo pone de manifiesto una incapacidad para la abstracción de ideas y dificultades para anticipar las consecuencias de su comportamiento, lo que provoca una mayor impulsividad o incapacidad para posponer una respuesta [21].

Desde el punto de vista neuroanatómico, se han descrito diferentes circuitos funcionales dentro del CPF(22, 23). Por un lado, el circuito dorsolateral se relaciona más con actividades puramente cognitivas, como la memoria de trabajo, la atención selectiva, la formación de conceptos o la flexibilidad cognitiva. Por otro lado, el circuito ventromedial se asocia con el procesamiento de señales emocionales que guían nuestra toma de decisiones hacia objetivos basados en el juicio social y ético. El CPF, pues, debe considerarse como un área de asociación heteromodal interconectada con una red distribuida de regiones corticales y subcorticales.

En los primeros estudios realizados mediante Resonancia Magnética, se encontraron disminuciones de volumen de hasta un 6,2% a nivel frontal al comparar pacientes TLP y controles sanos [24]. En la misma línea se hallaron pérdidas significativas de volumen en el cíngulo anterior derecho y en la corteza orbitofrontal izquierda [25]. Investigaciones más recientes sugieren alteraciones en el cuerpo calloso, observando una mayor delgadez en el istmo del cuerpo calloso, más objetivable, a mayor número de antecedentes traumáticos en la infancia [26]. A nivel de la corteza parietal se ha observado un mayor volumen del giro postcentral izquierdo, y del volumen precuneo derecho, que aumenta en función del incremento de síntomas disociativos que se hayan apreciado en la clínica [27].

También se ha observado un menor volumen de la sustancia gris del hipocampo y que la disminución del volumen se incrementa de forma paralela al aumento de las hospitalizaciones presentadas por los pacientes. Parece que el comportamiento agresivo estaría más ligado que el comportamiento impulsivo a la disminución del hipocampo [28], lo cual permitiría discriminar algunos subtipos clínicos del TLP. En las pruebas de imagen funcional como la tomografía por emisión de positrones con fluordeoxiglucosa (FDG-PET) y la existencia de alteraciones a nivel frontal en el TLP tiene cierta consistencia. Tres estudios han demostrado hipoactividad a nivel frontal (orbitofrontal y cíngulo anterior) [29-31].

Algunos de los paradigmas utilizados en los estudios realizados con resonancia magnética funcional (RMNf) consisten en mostrar imágenes como rostros o imágenes con distinta carga emocional (agradables, desagradables y neutras). En esta línea de investigación, en un estudio realizado con RMNf aplicando como paradigma imágenes estimulantes durante 4s y neutras durante otros 4s, se observó una mayor respuesta en ínsula y en corteza orbitofrontal bilateral, cíngulo anterior izquierdo, CPF medial y áreas parietal y parahipocampal. Esta misma activación también se observó para estímulos neutros, lo que se podría interpretar como una dificultad para distinguir entre estímulos emocionales y neutros [32].

Otro de los paradigmas utilizados en estos estudios, fue la determinación del umbral doloroso mediante la provocación de calor. Estos estudios se basan en la observación de que los pacientes con TLP parecen tener una sensibilidad disminuida para el umbral doloroso. La provocación de calor producía una mayor respuesta en CPF dorsolateral y menor activación en corteza parietal posterior así como desactivación en la zona del giro cingulado anterior y amígdala en los pacientes TLP en comparación con el grupo control. Para estímulos de temperatura iguales, se observó que los pacientes con TLP tenían menor actividad y mayor umbral doloroso que los controles [33].

2. Objetivo

Este capítulo informa de la existencia de déficits neuropsicológicos de un sujeto adulto diagnosticado de TLP. Concretamente esperamos encontrar puntuaciones significativamente inferiores respecto a la media en tareas que miden función ejecutiva. Conocer las características neuropsicológicas de estos pacientes es importante para el diagnóstico, la estimación del riesgo de suicidio, la planificación del tratamiento y el pronóstico.

3. Método

3.1. Descripción del contexto y del caso

Paciente femenino con 33 años de edad, su nivel socio-cultural es alto, ha estudiado Filosofía y actualmente está cursando un Máster. "B" en la actualidad no tiene pareja y vive con su madre. Fue diagnosticada de TLP hace 5 años, tuvo un ingreso en salud mental por intento de suicidio en 2.012. Toma una dosis de Venlafaxina Retard 150mg al día, ha recibido terapia cognitiva conductual durante 2 años. En la actualidad se encuentra bastante estabilizada, controlando sus impulsos gracias a la meditación y a las herramientas aprendidas en la terapia.

3.2. Instrumentos

Torre de Hanoi

Esta prueba evalúa la capacidad para planear una serie de acciones que sólo juntas y en secuencia, conllevan a una meta específica [34]. Se conforma de una base de madera con tres estacas y tres fichas de distinto tamaño. La tarea tiene tres reglas: sólo se puede mover una de las fichas a la vez, una ficha más pequeña no puede estar debajo de una ficha más grande y siempre que se tome una ficha ésta tiene que ser depositada de nuevo. El sujeto tiene que trasladar una configuración en forma de pirámide de un extremo de la base al otro moviendo las fichas por las estacas. La CPF dorsolateral representa un mecanismo esencial en la organización secuencial de pasos directos e indirectos y se ha propuesto que dentro de las redes cerebrales que soportan los procesos de planeación la CPF representa el nodo con mayor jerarquía. Los estudios clínicos han encontrado que la CPFdorsolateral (principalmente izquierda), representa el mecanismo principal para el óptimo desarrollo de esta prueba. Diversos estudios con neuroimagen funcional han confirmado esta relación y han destacado a la CPF dorsolateral (principalmente izquierda) como soporte para el proceso de planeación secuencial en esta prueba. También por medio de RMNf se ha destacado el papel de la CPF- polar en el mantenimiento y desarrollo de pruebas (como ésta) que requieren el mantenimiento de sub-metas.

Trail Making Test

Originariamente formó parte de los tests de habilidades mentales generales de la Armada de los EE.UU. Luego, desde 1955, lo usó Reitan como parte de su batería neuropsicológica. La prueba consta de dos partes, A y B. En la parte A, el sujeto debe conectar círculos numerados y distribuidos al azar sobre la hoja, según el orden numérico correcto (1, 2, 3, 4, etc.). En la segunda parte (parte B), además de círculos con números, se agregan círculos con letras. Se le pide al sujeto que una con líneas de modo alternado números y letras. En este último caso, según el orden del alfabeto. Mide flexibilidad cognitiva, porque el paciente debe inhibir una tarea automática (la secuencia de cifras) que había ya practicado en la parte A, para alternar con una secuencia de letras (parte B). En general, el sujeto impulsivo comete numerosos errores, mientras que el inatento demora más tiempo en la ejecución de la prueba [35]

Test de Stroop

Se utilizó la adaptación española de Golden [36] del Test de Stroop de Golden (1978). Está compuesto por tres láminas, cada de ellas constituida por 100 ítems. Cada fase de la tarea dura 45 segundos. En la lámina 1 (Palabra/P), se presentan las palabras rojo, verde y azul, escritas con tinta negra. Se solicita la lectura en voz alta de tantas palabras como sea posible. En la lámina 2 (Color/C), se presentan grupos de cuatro equis "XXXX", cada grupo está coloreado en uno de los tres colores anteriores; la tarea consiste en nombrar el color de la tinta de tantos ítems como sea posible. Por último, la tercera lámina (Palabra-Color/PC) está constituida por los nombres de los colores que aparecen en la lámina 1, coloreados con los colores de tinta de la lámina 2, combinados de forma que siempre son incongruentes la palabra escrita y el color de la tinta. Se solicita que sea nombrado el color de la tinta, inhibiendo la lectura de la palabra. La originalidad del Stroop radica en el hecho de que la palabra coloreada suscita una respuesta verbal automática que requiere muchas de las mismas funciones neuropsicológicas necesarias para nombrar los colores. Además, la velocidad de ambas reacciones (leer palabras y nombrar colores) es tal, que la respuesta de leer palabras ocupa dos canales neuropsicológicos, al mismo tiempo, que la respuesta de nombrar colores.

Tareas de ejecución-no ejecución (Go-no Go)

Los paradigmas de ejecución-no ejecución de respuesta se han empleado para medir la inhibición, es decir, instruir a los sujetos a responder a un estímulo Go (sigue), y a inhibir la respuesta ante el estímulo no Go (para). La tarea Go/No-Go es una tarea de tiempo de reacción simple, en la que los individuos deben contestar lo más rápidamente posible ante la aparición de un determinado estímulo en pantalla (una letra, el estímulo Go), y abstenerse de responder cuando aparece un estímulo distinto (el estímulo no-Go). En la actual versión de la tarea, el porcentaje de estímulos Go en el total de la tarea es del 80%, lo cual dificulta la inhibición de la respuesta en los ensayos no-Go y maximiza la probabilidad de detectar diferencias significativas [37].

Test del mapa del Zoo de la batería de función ejecutiva del BADS [38]

Mide la capacidad de planificación (una función ejecutiva específica). Consta de dos versiones. El participante debe visitar diferentes puntos en un mapa de un zoológico (la casa de los monos, la galería de reptiles...), siguiendo una secuencia ordenada bajo ciertas restricciones de paso, marcando su recorrido entre puntos con lápices de diferentes colores. Para cada versión del test se resta del número de aciertos (un lugar visitado en la posición en que debía ser visitado) en la secuencia (existen cuatro secuencias correctas), el número de errores hechos en la secuencia propuesta (desviaciones, pasar dos veces por las zonas sombreadas...). Esta es la puntuación directa, que en función de su valor y el tiempo en completar la secuencia se traduce a un perfil con valor entre 0 y 4. Cuanto mayor el número de perfil, mejor se ha realizado la prueba.

4. Resultados de la evaluación

Torre de Hanoi: el número mínimo de movimientos viene dado por la formula $2^n - 1$, siendo *n* el número de discos que hay en la varilla numero 1 al comenzar la prueba.

En la 1ª sesión utilizamos 3 discos, el número mínimo de movimientos es de $2^3-1= 5$, la participante realizó 12 movimientos, al enseñarle a hacerlo con los movimientos mínimos lo copió, en una 2ª sesión (una semana más tarde) perseveró y volvió a completar la torre con 12 movimientos.

Estos resultados podrían indicar que la CPF dorsolateral se encuentra alterada. El número total de movimientos, que es el total de desplazamientos que el sujeto hace de los diferentes discos, puede ser visto como el número de estrategias de aprendizaje. A más movimientos para alcanzar la meta final, peor será el uso de estrategias del sistema y peor será también el uso de los mecanismos relacionados con el feedback. Probablemente sea esta la mejor puntuación para conocer la integridad de los circuitos prefrontales.

Trail Making Test

La puntuación se expresa en términos del tiempo requerido para completar la parte A y B del test. La participante ha tardado 30 segundos en completar la parte A y 60 segundos la parte B, no cometiendo ningún tipo de error en ninguna de las dos.

De los resultados obtenidos en esta prueba se puede postular un buen desempeño en capacidad de flexibilidad cognitiva, control supervisor atencional y planificación conductual, así como de memoria de trabajo visoespacial.

Tabla 1. *Resultados del TMT*

	TRAIL MAKING TEST A		TRAIL MAKING TEST B	
Tiempo de ejecución (segundos)	Promedio 29	N 30	Promedio 75	N 60

Test de Stroop

En esta prueba se obtienen tres puntuaciones principales: Se contabilizaron las respuestas correctas en cada lámina, y se ha calculado el Índice de Interferencia (II) aplicando la siguiente fórmula: II= PC – [(PxC)/ (P+C)]. Este índice representa la diferencia entre el rendimiento real en la lámina 3 y el esperado en función de los aciertos en las láminas 1 y 2; cuanto mayor es su valor, mejor control de la interferencia se está ejerciendo.

Tabla 2. *Resultados obtenidos en puntuaciones típicas T de la prueba STROOP*

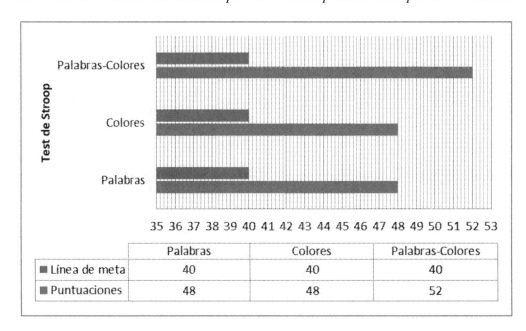

	Palabras	Colores	Palabras-Colores
■ Línea de meta	40	40	40
■ Puntuaciones	48	48	52

En todas las condiciones, la participante ha obtenido puntuaciones por encima de la media. La interferencia que ha generado o *efecto Stroop* ha sido positiva: 2.62 lo que indica que la persona ha inhibido correctamente la respuesta automatizada. Estos resultados podrían indicar que se posee un *control ejecutivo,* al menos el necesario para organizar y dirigir constantemente la conducta hacia los objetivos propuestos, permitiendo a la vez la eliminación de otras conductas que no estén dirigidas hacia esas metas.

Tarea de ejecución GO/no GO

El sujeto ha cometido 5 fallos, también llamados falsas alarmas, lo que significa que ha realizado una ejecución anómala de la prueba, observando una tendencia más acusada a responder cuando no se debe, en los ensayos no go. Esta forma de responder tiene su origen en el mal funcionamiento de circuitos prefrontales relacionados con la función ejecutiva y el control de arriba abajo del comportamiento.

Test del mapa del Zoo

En relación a la versión 1 del mapa del zoo, La paciente requirió mayor tiempo del esperado y no finalizó la actividad, obteniendo una puntuación esperada de 3 puntos, en contraste con los 8 puntos ideales a obtener. Para la versión 2, finalizó la actividad con dos puntos por debajo del máximo a obtener y precisó de 6 veces más del tiempo estimado para la tarea, obteniendo una baja puntuación perfil.

5. Discusión

Los resultados de la evaluación neuropsicológica confirman los resultados obtenidos de otros estudios y que han sido señalados al inicio de este capítulo [13; 14-20; 21]. Sobre todo, en lo referente a los déficits de planificación. Los datos hallados nos permiten confirmar nuestra hipótesis de trabajo, existe una clara vinculación entre las alteraciones de diferentes dimensiones de la personalidad en diferentes dimensiones de la función ejecutiva (planificación e inhibición de respuestas automáticas), lo cual nos puede estar indicando alteraciones o disfunciones neurológicas de una zona del córtex muy concreta, el lóbulo frontal. No obstante, estos resultados no pueden ser generalizables ni extrapolables a otros casos, siendo necesario desarrollar estudios más amplios con muestras representativas de esta población.

Las funciones ejecutivas constituyen mecanismos de integración intermodal e intertemporal que permiten proyectar cogniciones y emociones desde el pasado hacia el futuro con objeto de encontrar la mejor solución a situaciones novedosas y complejas. El principal sustrato neuroanatómico de estas funciones son los lóbulos frontales, cuya diversidad funcional y adaptabilidad sustenta las operaciones de un conjunto de procesos especializados que interactúan en la resolución de tareas complejas. Este sistema multicomponente incluye mecanismos de energización, actualización, inhibición, cambio y toma de decisiones. Actualmente disponemos de instrumentos neuropsicológicos destinados a evaluar cada uno de estos componentes, así como de instrumentos de evaluación multidimensional de su interacción dinámica (p.e. test de planificación para la resolución de problemas y de multitarea). No obstante, quedan pendientes importantes retos en la medición de las funciones ejecutivas, entre los que destacan los problemas de especificidad y representatividad de los tests y su validez ecológica.

Finalmente, el estudio de estas funciones de alto orden, que promueven gran parte de nuestra actividad intencional y creativa, presenta aplicaciones múltiples más allá de las fronteras de la clínica neuropsicológica, abarcando la psicopatología, la psicología evolutiva y de la educación, la psicología de la salud, o el estudio de la adaptación de los mecanismos ejecutivos a las demandas de un mundo que cambia a gran velocidad.

Los resultados de nuestra investigación indican que personas con TLP presentan anomalías en el funcionamiento neuropsicológico que afectan a varias funciones complejas superiores. Estas disfunciones afectan al manejo de la información y a la programación de las conductas y tienen sin duda algo que ver con las manifestaciones clínicas y sintomáticas del trastorno. El origen de estas alteraciones está indeterminado por el momento. En este sentido, un aspecto importante a tener en cuenta en el TLP es el neurodesarrollo. Estudios del desarrollo en niños con rasgos borderline resaltan la importancia del uso de datos neuropsicológicos. Descripciones tempranas sobre el trastorno borderline de la personalidad en niños, están repletas de referencias a problemas cognitivos y de la maduración cerebral. Se valora la posibilidad de que los pacientes con TLP hayan sufrido retrasos madurativos del desarrollo cerebral, dificultades de aprendizaje y trastornos por déficit de atención e hiperactividad en la infancia que estén influyendo significativamente en el desarrollo del trastorno. Estos hallazgos se correlacionan con los estudios llevados a cabo en pacientes con TLP y en los que pruebas de neuroimagen reflejan un significativo hipometabolismo en regiones frontales y prefrontales. La corteza prefrontal se caracteriza por ser la última estructura del cerebro en completar su maduración; sus procesos madurativos se extienden por un tiempo prolongado que abarca la infancia y la adolescencia, e incluyen la creación y mielinización de los circuitos neurales, así como el incremento en la densidad sináptica de las regiones prefrontales. Se ha establecido un paralelismo entre el tiempo prolongado en el que se advierten dichos procesos madurativos y el desarrollo de las funciones ejecutivas. Teniendo en cuenta todo esto, además de que su desarrollo está modulado por la adquisición previa de otras habilidades cognitivas con las que mantiene una estrecha relación, como son la atención y la memoria, la lentitud en su desarrollo, así como la amplia distribución de los circuitos que las sustentan, hace que las funciones ejecutivas resulten especialmente frágiles durante la infancia y la adolescencia. El estudio del desarrollo de estas funciones desde edades tempranas permite, no sólo comprender las características de este proceso, sino que también facilita la detección y prevención de alteraciones comunes en los trastornos del neurodesarrollo.

Los hallazgos encontrados sustentan la hipótesis de que los pacientes con TLP podrían beneficiarse de la aplicación de programas de rehabilitación neuropsicológica dirigidos al tipo y al grado de las dificultades neurocognitivas que presentan. También apoyan la idea de que la mejoría cognitiva se reflejaría en una mejora de la sintomatología clínica y tendría, por tanto, un impacto positivo sobre el funcionamiento general del paciente.

6. Referencias

1. Levy KN, Clarkin JF, Yeomans FE, Scott LN, Wasserman RH, Kernberg OF. The mechanisms of change in the treatment of borderline personality disorder with transference focused psychotherapy. J Clin Psychol 2006;62(4):481-501.

2. Grant BF, Chou SP, Goldstein RB, Huang B, Stinson FS, Saha TD, et al. Prevalence, correlates, disability, and comorbidity of DSM-IV borderline personality disorder: results from the Wave 2 National Epidemiologic Survey on Alcohol and Related Conditions. J Clin Psychiatry 2008;69(4):533.

3. Leichsenring F, Leibing E. The effectiveness of psychodynamic therapy and cognitive behavior therapy in the treatment of personality disorders: a meta-analysis. Am J Psychiatry 2003;160(7):1223-32.

4. Zanarini MC, Frankenburg FR, Hennen J, Silk KR. The longitudinal course of borderline psychopathology: 6-year prospective follow-up of the phenomenology of borderline personality disorder. Am J Psychiatry 2003;160(2):274-83.

5. Burgess JW. Relationship of depression and cognitive impairment to self-injury in borderline personality disorder, major depression, and schizophrenia. Psychiatry Research 1991;38(1):77-87.

6. Lahmeyer HW, rd CF, Kupfer DJ, King R. Biologic markers in borderline personality disorder: a review. J Clin Psychiatry 1989;50(6):217-25.

7. Leary KM, Brouwers P. Neuropsychological testing of patients with borderline personality disorder. Am J Psychiatry 1991;148(1):106-11.

8. Skodol AE, Siever LJ, Livesley WJ, Gunderson JG, Pfohl B, Widiger TA. The borderline diagnosis II: biology, genetics, and clinical course. Biol Psychiatry Cogn Neurosci Neuroimaging 2002;51(12):951-63.

9. Andrulonis PA, Glueck BC, Stroebel CF, Vogel NG, Shapiro AL, Aldridge DM. Organic brain dysfunction and the borderline syndrome. Psychiatr Clin North Am 1981;4(1):47-66.

10. Van Reekum R. Acquired and developmental brain dysfunction in borderline personality disorder. Can Child Adolesc Psychiatr Rev 1993.

11. Cornelius JR, Soloff PH, George A, Ulrich RF, Perel JM. Haloperidol vs. phenelzine in continuation therapy of borderline disorder. Psychopharmacol Bull 1993.

12. Dunn NJ, Yanasak E, Schillaci J, Simotas S, Rehm LP, Souchek J, et al. Personality disorders in veterans with posttraumatic stress disorder and depression. J Trauma Stress 2004;17(1):75-82.

13. Bazanis E, Rogers RD, Dowson JH, Taylor P, Meux C, Staley C, et al. Neurocognitive deficits in decision-making and planning of patients with DSM-III-R borderline personality disorder. Psychol Med 2002;32(08):1395-405.

14. Ruocco AC. The neuropsychology of borderline personality disorder: a meta-analysis and review. Psychiatry Res 2005;137(3):191-202.

15. Ruocco AC, Swirsky-Sacchetti T, Chute DL, Mandel S, Platek SM, Zillmer EA. Distinguishing between neuropsychological malingering and exaggerated

psychiatric symptoms in a neuropsychological setting. Clin Neuropsychol 2008;22(3):547-64.

16. Lezak MD. The problem of assessing executive functions. International journal of Psychology 1982;17(1-4):281-97.

17. Soloff PH, Meltzer CC, Becker C, Greer PJ, Kelly TM, Constantine D. Impulsivity and prefrontal hypometabolism in borderline personality disorder. Psychiatry Res 2003;123(3):153-63.

18. Minzenberg MJ, Fan J, New AS, Tang CY, Siever LJ. Frontolimbic structural changes in borderline personality disorder. J Psychiatr Res 2008;42(9):727-33.

19. Montes A, Garcia-Andrade RF, Casado A, Carrasco JL. Estudios de neuroimagen en el trastorno limite de la personalidad. Actas Esp Psiquiatr 2009;37(3):123-7.

20. Besteiro J. Funciones neuropsicologicas prefrontales en los trastornos de la personalidad. 2000.

21. Tirapu-Ustarroz J, Muñoz-Cespedes JM, Pelegrín-Valero C. Funciones ejecutivas: necesidad de una integracion conceptual. Rev Neurol 2002;34(7):673-85.

22. Bechara A, Damasio H, Damasio AR. Emotion, decision making and the orbitofrontal cortex. Cereb Cortex 2000;10(3):295-307.

23. Cummings JL. Frontal-subcortical circuits and human behavior. Arch Neurol 1993;50(8):873-80.

24. Skodol AE, Siever LJ, Livesley WJ, Gunderson JG, Pfohl B, Widiger TA. The borderline diagnosis II: biology, genetics, and clinical course. Biol Psychiatry 2002;51(12):951-63.

25. van Elst LT, Hesslinger B, Thiel T, Geiger E, Haegele K, Lemieux L, et al. Frontolimbic brain abnormalities in patients with borderline personality disorder: a volumetric magnetic resonance imaging study. Biol Psychiatry 2003;54(2):163-71.

26. Rusch N, Lieb K, Zahn R, Ebert D, van Elst LT. Corpus callosum abnormalities in women with borderline personality disorder and comorbid attention-deficit hyperactivity disorder. J Psychiatry Neurosci 2007;32(6):417.

27. Irle E, Lange C, Weniger G, Sachsse U. Size abnormalities of the superior parietal cortices are related to dissociation in borderline personality disorder. Psychiatry Res 2007;156(2):139-49.

28. Zetzsche T, Preuss UW, Frodl T, Schmitt G, Seifert D, M++nchhausen E, et al. Hippocampal volume reduction and history of aggressive behaviour in patients with borderline personality disorder. Psychiatry Res 2007;154(2):157-70.

29. Lis E, Greenfield B, Henry M, Guile JM, Dougherty G. Neuroimaging and genetics of borderline personality disorder: a review. J Psychiatry Neurosci 2007;32(3):162.

30. De la Fuente JM, Goldman S, Stanus E, Vizuete C, Morl+ín I, Bobes J, et al. Brain glucose metabolism in borderline personality disorder. J Psychiatry 1997;31(5):531-41.

31. Montes A, García-Andrade RF, Casado A, Carrasco JL. Neuroimaging studies in the borderline personality disorder. Actas Esp Psiquiatr 2009;37(3):123-7.

32. Schnell K, Dietrich T, Schnitker R, Daumann J, Herpertz SC. Processing of autobiographical memory retrieval cues in borderline personality disorder. J Affect Disord 2007;97(1):253-9.

33. Schmahl C, Bohus M, Esposito F, Treede RD, Di Salle F, Greffrath W, et al. Neural correlates of antinociception in borderline personality disorder. Arch Gen Psychiatry 2006;63(6):659-66.

34. Dehaene S, Changeux JP. A hierarchical neuronal network for planning behavior. Proc Natl Acad Sci 1997;94(24):13293-8.

35. Reitan RM. Trail Making Test: Manual for administration and scoring. Reitan Neuropsychology Laboratory; 1992.

36. Golden CJ. Test de Stroop de colores y palabras. Tea Ediciones;2001.

37. Korkman M, Kirk U, Kemp S. NEPSY: A developmental neuropsychological assessment. Psychological Corporation; 1998.

38. Burgess PW, Alderman N, Wilson BA, Evans JJ, Emslie H. Validity of the battery: relationship between performance on the BADS and ratings of executive problems. BADS: Behavioural assessment of the dysexecutive syndrome manual 1996;18-9.

Seguimiento neuropsicológico forense de un caso de trastorno orgánico de la personalidad

9

Agustín Ernesto Martínez-González

1. Introducción

Trastorno orgánico de la personalidad se caracteriza por una alteración significativa en el comportamiento. Estas alteraciones afectan a la expresión de las emociones, los procesos cognitivos y el control de los impulsos, teniendo graves consecuencias en las relaciones sociales y personales, como en el llamado síndrome del lóbulo frontal. Para el diagnóstico de este trastorno hay que tener evidencia de lesión o disfunción cerebral y la presencia de dos o más de los siguientes rasgos: a) capacidad reducida para mantener una actividad orientada a un fin, concretamente las que requieran mucho tiempo; b) alteraciones emocionales, caracterizados por labilidad emocional, simpatía superficial e injustificada, irritabilidad, ira y en algunos casos el rasgo predominante puede ser la apatía; c) expresión de necesidades y de impulsos que tienden a presentarse sin tomar en consideración sus consecuencias o molestias sociales; d) trastornos cognoscitivos, en forma de suspicacia o ideas paranoides o preocupación excesiva por un tema único; e) marcada alteración en el ritmo y flujo del lenguaje; y f) alteración del comportamiento sexual (disminución de la sexualidad o cambio del objeto de preferencia sexual) [1].

La Neuropsicología Forense es un nuevo campo de estudio que hace referencia a la aplicación de los conocimientos del campo de la Neuropsicología a los asuntos legales [2]. Cada vez es más frecuente el testimonio como perito de los neuropsicólogos que informan al juez sobre las secuelas conductuales, emocionales y neuropsicológicas que resultan de lesiones en el cerebro humano de una persona juzgada. La neuropsicología forense destaca que la explosión neuropsicológica puede ayudar en la toma de decisiones sobre asuntos legales como la determinación de la discapacidad, ir o no a la cárcel, recibir una herencia de un familiar con sospechas de demencia, la descripción de los perfiles cognitivo-conductuales característicos de cada enfermedad neurológica, determinar las implicaciones del daño cerebral en el funcionamiento psicosocial, proponer recursos más adecuados sobre las intervenciones. Entre los objetivos y campos de aplicación más importantes de esta nueva disciplina destacan: la identificación de las secuelas que conlleva el daño cerebral, si existe simulación en el paciente etc. [2, 3]. No cabe duda que en los próximos años este campo de aplicación de la Neuropsicología va a experimentar un auge importante.

2. Objetivo

El presente capítulo tiene el objeto de mostrar el seguimiento neuropsicológico de un caso que trastorno orgánico de la personalidad debido a un Traumatismo Cráneo Encefálico (TCE en adelante). Los rasgos de personalidad y estado neuropsicológico de AF fueron valorados en dos ocasiones tras sufrir el TCE. El juez solicita un informe neuropsicológico del estado mental de AF para decir si AF ingresa en prisión por una serie de delitos cometidos en el pasado, anteriores al TCE. Se realiza el informe neuropsicológico forense con el fin de valorar las funciones neuropsicológicas como la atención, memoria y capacidad de toma de decisiones de AF debido a la situación judicial complicada.

3. Método

3.1. Descripción del contexto y del caso

AF es un hombre de 44 años. A continuación, se describe cómo ha sido el desarrollo emocional y conductual de AF a lo largo de estos últimos años. En el periodo de adolescencia AF ha sido un chico con un carácter conflictivo, no quería estudiar, trabajar y siempre estaba muy nervioso. No duraba más de un mes en cualquier trabajo. Consumía marihuana. Presentaba conductas muy violentas, heteroagresividad hacia los padres, sobre todo discusiones con padre. No cumplía las normas que había en casa, no quería hacer nada sólo lo que a él le daba la gana y tenía cambios de humor acentuados con tendencia a la depresión y a querer siempre ser el centro de atención. En el periodo de la edad adulta AF sigue teniendo la misma personalidad y comportándose igual a nivel familiar y social, con la diferencia que comienza a consumir drogas de mayor potencial, tipo pastillas, cocaína, etc. Se agravan más los rasgos anteriores, apareciendo discusiones aún más violentas, (pegando una paliza con una porra a su padre, por ejemplo) y los primeros intentos de suicidio.

AF se casa, parece que se serena y sienta la cabeza, pero cuando nace su hijo a partir del bautizo, comienza a cambiar, a ser el mismo que era, violento, consume, pega a la mujer, se gasta el dinero de la familia en cosas innecesarias. Como consecuencia de la pareja se divorcia, aunque continúan los problemas la esposa lo denuncia por impago de pensiones. AF se mete en una banda que se dedicaba a extorsionar para cobrar deudas, siendo detenido e ingresa por primera vez en prisión. Cuando sale, es condenado por impago de pensiones y entra de nuevo en prisión por segunda vez. Cuando vuelve a salir, está apaciguado un tiempo corto. La familia le da una oportunidad, facilitándole un buen trabajo como vigilante de una nave de coches nuevos, que encuentra y que mantiene durante tres meses, hasta que, sin avisar a sus padres, se despide voluntariamente y acaba muy mal con el empresario que le contrató. Vuelve otra vez a consumir, y a cometer pequeños hurtos para ganarse la vida, ya que no quería trabajar, según él porque está enfermo. La familia empieza a no aguantar más esta situación y darle la espalda. Vive de alquiler, pagado por sus padres. Recorre más de 25 casas, de todos los lugares, siempre acabando de malas maneras en todos sitios.

Con todas estas limitaciones, AF hasta ese momento era visiblemente y en apariencia una persona con un nivel cognitivo normal. Presentaba buena capacidad de memoria y atención según refiere la familia.

La historia diagnóstica de AF es ampliamente rica y caracterizada por los problemas de agresividad y antisociales: Trastorno de personalidad sin especificar (Salud mental) a los 25 años de edad. Trastorno explosivo intermitente. Distimia. Consumo compulsivo de drogas (Salud mental) a los 29 años de edad. Trastorno paranoide/antisocial de personalidad (Salud mental) a los 31 años de edad. Traumatismo craneoencefálico con contusión hemorrágica temporal izquierda a los 41 años tras un enfrentamiento con una persona. TAC indica contusión hemorrágica temporal izquierda. Solicita invalidez no contributiva, y en esta ocasión se la reconocen. A los 43 años ingresó en la HUVA el tras sufrir accidente de moto, sin testigos, ingresado en HUVA con escala de Glasgow de 3. Ingresado en UCI. AF tiene un traumatismo craneoencefálico grave con lesión axonal difusa grave. En el TAC se indica que hay persistencia de pequeña área hipodensa temporal izquierda atribuible a encefalomalacia por contusión previa. Hemoventriculo en asta occipital de ventrículo lateral derecho d nueva aparición. Posteriormente se realizó otro TAC que mostró hemoventriculo en asta occipital sin cambios, pequeño foco de hemorragia subaracnoidea en surco de la convexidad frontal izquierda. Ese mismo año se redactó informe neuropsicológico solicitado por la familia que concluye déficits neuropsicológicos en memoria, atención y función ejecutiva asociados a la lesión cerebral y compatibles con un *Trastorno neurocognitivo debido a la lesión cerebral traumática con conducta perturbadora* según DSM-5.

La medicación que AF está tomando durante este seguimiento neuropsicológico forense es: clorpromazina 25 en desayuno y cena; pregabalina 25 desayuno y cena; sertralina 100mg: 1-0-1; topiramato 50mg: 1-0-1; topiramato pensa 25mg: 1 dia; palmitato de Paliperidona 100mg inyectable: 1 vez al mes.

3.2. Materiales o Instrumentos

Cuestionario Factorial de Personalidad 16PF-5

El 16PF-5 es un instrumento de medida de espectro amplio de personalidad para adolescentes mayores de 16 años y adultos que tiene como finalidad la apreciación de dieciséis rasgos de primer orden y cinco dimensiones globales de personalidad. Los dieciséis rasgos primarios que evalúa son: Afabilidad (A), Razonamiento (B), Estabilidad (C), Dominancia (E), Animación (F), Atención a las normas (G), Atrevimiento (H), Sensibilidad, (I), Vigilancia (L), Abstracción (M), Privacidad (N), Aprensión (O), Apertura al cambio (Q1), Autosuficiencia (Q2), Perfeccionismo (Q3) y Tensión (Q4). Las cinco dimensiones globales de personalidad son: Extraversión (Ext), Ansiedad (Ans), Dureza (Dur), Independencia (Ind) y Auto-control (AuC). La comprensión de los constructos se facilita mediante una descripción a través de adjetivos de los polos o decatipos altos (+) o bajos (-). Incluye además tres medidas para evaluar estilos de respuesta para controlar los sesgos en las respuestas: Manipulación de la imagen (MI), Infrecuencia (IN) y Aquiescencia (AQ). El instrumento consta de 185 ítems con tres alternativas de respuesta (dos extremos y una alternativa intermedia señalada siempre con un interrogante"?"). La aplicación puede ser individual o colectiva con una duración de entre 40 y 45 minutos [4].

Mini-examen-cognoscitivo

El Mini-Examen-Cognoscitivo (MEC) [5] o Mini-Mental-State-Examination (MMSE) [6] es un instrumento de *screening* para la detección del deterioro cognitivo que explora de forma rápida y estandarizada un conjunto de funciones cognitivas (orientación temporo espacial, memoria inmediata y a largo plazo, atención, cálculo, lenguaje, razonamiento abstracto y praxias). El punto de corte óptimo en esta prueba para establecer la presencia de deterioro cognitivo cuando se trabaja con población mayor de 65 años y de bajo nivel educativo es de 24 puntos (sobre un máximo de 35 puntos) y cuando el nivel educativo es medio-alto de 27 puntos.

Sub-escala de dígitos de la Escala de Inteligencia de Wechsler para Adultos (WAIS)

El sub-test de dígitos está dentro de la escala verbal del WAIS y mide span atencional o memoria verbal inmediata [7].

*Trail Making Test forma A y B (*TMT en adelante)

La prueba TMT consta de dos partes: la forma A que mide la velocidad viso-motora y de procesamiento de la información y la forma B que evalúa flexibilidad cognitiva y cambio atencional [8]. La forma A (o TMT-A) consta de los números 1-25, cada uno de los cuales se encuentra dentro de un círculo, estando distribuidos de forma irregular en una hoja de papel. El objetivo es conectarlos en la secuencia correcta en el menor tiempo posible. La forma B (o TMT-B) requiere conectar números (1-13) y letras (A-L) en una secuencia alterna y ascendente (1-A-2-B-3-C, etc.) en el menor tiempo posible.

Test de Aprendizaje Verbal de Rey-RAVLT

El Test de Aprendizaje Auditivo Verbal de Rey o el Rey Auditory-Verbal Learning Test (RAVLT en adelante) es un instrumento para evaluar la memoria a corto plazo y largo plazo, el aprendizaje verbal, la interferencia proactiva y retroactiva, reconocimiento y memoria diferida, también se puede obtener una curva de aprendizaje [9]. RAVLT el cual consta de 2 listas de 15 palabras (Lista A y lista B) y una de 45 palabras (Lista de reconocimiento) la cual consta de las palabras de las otras dos listas y 15 diferentes.

Figura Compleja de Rey-Osterrieth

La Rey-Osterrieth Complex Figure Test (ROCF) en adelante consiste en copiar primero y reproducir después un dibujo [10]. Evalúa la presencia de posibles trastornos neurológicos y cognitivos relacionados con problemas de carácter perceptivo, motriz o de memoria, así como el grado de desarrollo de la actividad gráfica. La parte de copia proporciona información sobre la psicomotricidad, la capacidad visoespacial, las agnosias, mientras que la parte de recuerdo está relacionada con la detección de problemas de memoria visual o memoria no verbal a largo plazo. El test ha sido validado en población joven española con excelentes propiedades psicométricas [11]. Para corrección de la prueba utilizamos los baremos españoles en percentiles.

Test de Simulación de Problemas de Memoria (TOMM en adelante)

El TOMM es una prueba de memoria de reconocimiento visual de 50 ítems para detectar la simulación en los pacientes. Las puntuaciones del TOMM resultan muy sensibles a la presencia de simulación mientras que, por el contrario, no se ven afectadas en pacientes con daño neurológico. Por tanto, permite obtener puntos de corte de sospecha de simulación adicionales [12].

Phonemic Fluency Task (FAS en adelante)

EL FAS incluye una Tarea de Fluidez Verbal Semántica (FVS en adelante) y Tarea de Fluidez Verbal Fonológica (FVF en adelante) [13]. La tarea de FVS consiste en decir el mayor número posible de "animales", "vegetales" y "utensilios de cocina" durante un minuto. La tarea de FVF consiste en decir el mayor número posible de palabras durante un minuto que comenzasen por una letra determinada. Las letras empleadas fueron P, F, R, A, E y S [14]. En ambas tareas y durante las instrucciones se advertía al participante que los nombres propios, las siglas, marcas comerciales y las palabras derivadas o diferentes formas de un mismo verbo, no se considerarían como respuestas válidas. Para corrección de la prueba utilizamos los baremos españoles en percentiles.

Test de STROOP

La prueba de Stroop consiste en tres tareas: Lectura de palabras, denominación de colores y una última tarea de interferencia, lectura de color y no de palabra [15]. Este test mide el control atencional o control inhibitorio una parte importante de la función ejecutiva. El test ha sido validado en jóvenes españoles con excelentes propiedades psicométricas [16].

Test de las Anillas

El Test de las Anillas es una prueba para evaluar las funciones ejecutivas, concretamente la capacidad de planificación. Consiste en 15 ítems de dificultad creciente en los que el sujeto, moviendo una a una las anillas colocadas en un tablero con tres postes, debe reproducir un modelo presentado en una lámina. El Test de las Anillas ha sido validado y tipificado en una amplia muestra española [17].

3.3. Procedimientos

Se realizaron dos evaluaciones neuropsicológicas y de personalidad con un marguen de un año entre ambas. En ambas evaluaciones AF se mostraba con síntomas de apatía. Parece ser que AF pasa la mayoría del tiempo viendo TV. Manifiesta que recuerda vagamente lo que ha visto en las noticias, pero no es capaz de indicar los detalles de la noticia. Igualmente, en las dos valoraciones neuropsicológicas pregunta frecuentemente el motivo de realizar los tests, posteriormente parece entender la realidad de su situación y manifiesta impotencia. Describe el suceso: "iba a buscar a mi novia con la moto…estaba enfadado con mi novia…y me di un golpe en la cabeza en el lado derecho…no me acuerdo…eso me han dicho…". Tiene conciencia de sus limitaciones cuando comete fallos de atención o memoria en los test neuropsicológicos. Ambas valoraciones neuropsicológicas se realizaron en cuatro sesiones de 45 minutos, mientras que la valoración sobre la personalidad fue 6 horas totales.

4. Resultados de la evaluación

Personalidad

Del análisis de los factores de personalidad de *primer orden* del 16 PF-5 se observa que la mayoría de las puntuaciones están dentro del intervalo normal tanto en el primer año como en el segundo. En cuanto a las dimensiones globales de personalidad los datos obtenidos indican que AF es una persona dependiente y que intenta controlar sus impulsos (véase la Tabla1).

Tabla 1. *Factores de primer orden y segundo orden del Cuestionario Factorial de Personalidad 16PF-5*

	Decatipos		Interpretación
	Año 1	Año 2	
A .- Afabilidad	6	6	Dentro de la zona media
B.- Razonamiento	2	2	Pensamiento concreto
C.- Estabilidad	4	5	Dentro de la zona media
E.- Dominancia	4	5	Dentro de la zona media
F.- Animación	4	5	Dentro de la zona media

G.- Atención-normas	7	6	Dentro de la zona media
H.- Atrevimiento	4	5	Dentro de la zona media
I.- Sensibilidad	6	6	Dentro de la zona media
L.- Vigilancia	4	4	Dentro de la zona media
M.- Abstracción	7	6	Dentro de la zona media
N.- Privacidad	6	5	Dentro de la zona media
O.- Aprensión	7	6	Dentro de la zona media
Q1.- Apertura-cambio	6	5	Dentro de la zona media
Q2.- Autosuficiencia	5	4	Dentro de la zona media
Q3.- Perfeccionismo	6	5	Dentro de la zona media
Q4.- Tensión	6	5	Dentro de la zona media

"BIG FIVE"

Extraversión	6	6	Dentro de la zona media
Ansiedad	6	5	Dentro de la zona media
Dureza	5	5	Dentro de la zona media
Independencia	3	4	Acomodaticio, conformista y desinteresado
Auto-Control	8	7	Autocontrolado, que inhibe sus impulsos

Estilos de Respuesta

MI.- Manipulación Imagen	6	6	Dentro de la zona media
IN.- Infrecuencia	9	5	Oposicionista o indeciso
AQ.- Aquiescencia	9	6	Sumiso, tímido y confiado

En cuanto a los factores de segundo orden se observan unos niveles de ansiedad dentro de la normalidad en ambas valoraciones y una mejora en el autocontrol. Sin embargo, los datos sobre estilo de respuesta en la primera evaluación se hallan niveles de sinceridad en la prueba indican una puntuación muy alta en infrecuencia, lo cual sugiere que el sujeto puede haber tenido problemas en la comprensión lectora o por señalar al azar, por no saber la respuesta. Igualmente, hallamos una puntuación muy alta en Aquiesciencia lo cual quiere decir que hay una tendencia elevada a poner afirmaciones como verdaderas. Concluimos que la información que nos proporciona AF en la primera evaluación no se puede utilizar con veracidad por haber posibles problemas de comprensión lectora. De hecho, la prueba suele realizarse en una hora y tuvo que necesitar al menos tres sesiones para finalizarla. Estos datos nos proporcionan información del alcance de sus déficits cognitivos. En la segunda valoración los niveles de infrecuencia y aquiesciencia mejoran, aunque también preciso de tres sesiones para finalizar el test.

Valoración neuropsicológica

Nivel cognoscitivo

Se administra el *Mini-examen-cognoscitivo* (M.E.C; Lobo et al., 1985) y AF obtiene una puntuación total de 21 en la primera valoración, equivalente deterioro cognitivo leve 29. En la segunda valoración obtuvo una puntuación de 29 puntos, llegando superando el punto de corte.

Atención

- *Span atencional o concentración*

El rendimiento en atencional o de concentración se midió mediante la prueba de *Dígitos del WAIS*. Los resultados sugieren que AF obtiene una puntuación baja en la primera valoración (PT: 6), mientras que en la segunda valoración fue limítrofe respecto a la normalidad estadística (PT: 7).

- *Procesamiento de la información*

Los resultados del *Trail Making Test forma A*, indican una velocidad de procesamiento de la información en AF muy alterada y similar en ambas valoraciones (año1: 1´40´´/40´´ y año2: 2´00´´/40´´).

- *Cambio atencional*

Respecto a los datos de la prueba *Trail Making Test forma B*, se encuentra una grave alteración en AF para cambiar el foco atencional, de hecho se ve afectada la memoria de trabajo, identifica el error y no continúa por sentirse frustrado. Esta misma limitación se halló en ambas valoraciones en el primer y segundo año.

Memoria

- *Memoria verbal a corto plazo y largo plazo*

Como puede apreciarse en la gráfica 1 AF presenta limitaciones severas en la memoria verbal a corto plazo del *Test de Aprendizaje Verbal de Rey-RAVLT*, habiendo un efecto de aprendizaje, pero sin llegar la puno de corte. Como consecuencia AF tiene problemas graves de memoria verbal a largo plazo. Este rendimiento es similar al hallado en las dos valoraciones, lo cual indica la cronicidad de los síntomas y las dificultes en el aprendizaje.

Gráfica 1. *Seguimiento de la memoria verbal en dos años*

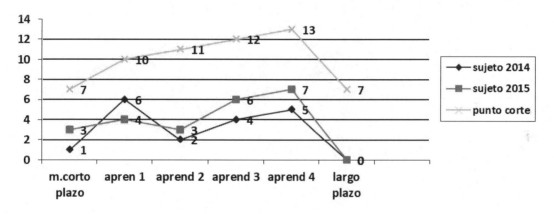

- *Memoria no verbal o visual compleja*

En la aplicación de la *Figura Compleja de Rey-Osterrieth* pese a la mejora observada en la valoración del segundo año AF no alcanza el rango normal en el percentil para la copia y el recuerdo de la figura, lo cual indica problemas severos tanta en la psicomotricidad de la mano derecha como en la memoria no verbal a largo plazo (véase Gráfica 2).

Gráfica 2. *Seguimiento en memoria no verbal*

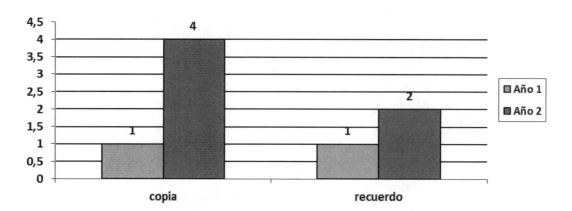

Simulación

Se administra un test de memoria de reconocimiento visual para medir si existe riesgo de simulación de déficits cognitivos *Test de Simulación de Problemas de Memoria (TOMM)*. Los resultados de la primera valoración indican una puntuación de 33 en el primer ensayo, 44 en el segundo ensayo y 45 en la retención. En la segunda valoración se obtuvieron resultados similares (33 en el primer ensayo, 43 en el segundo ensayo y 45 en la retención). Los datos del primer ensayo en las dos valoraciones indican que no existe sospecha de simulación ya que la puntuación esta fuera del rango de 18-32 de aciertos asociados a la ejecución por azar. La puntuación superior de retención sugiere que AF no ha simulado los síntomas neuropsicológicos.

Funciones Ejecutivas

Fluencia Verbal

Los resultados de la primera y segunda valoración en fluidez verbal indican unos percentiles muy bajos respecto a los datos de la población normal, lo cual AF presenta dificultades graves en la clave fonética y en la clave semántica (véase la Gráfica 3).

Gráfica 3. *Seguimiento en fluidez verbal*

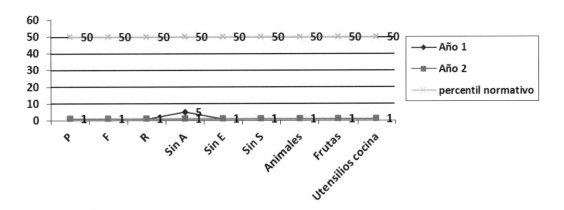

Inhibición

Como puede apreciarse en las tareas del Stroop AF presenta una alteración global en la inhibición de respuesta e impulsividad tanto en la valoración primera como segunda.

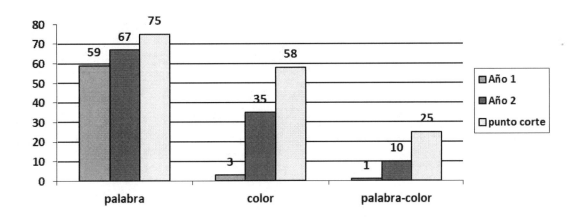

La alteración global en las tres sub-pruebas suele correlacionar con las perseveraciones y los problemas motores en el habla asociadas a lesiones difusas en el lóbulo frontal izquierdo relacionadas con la planificación y la inhibición.

Planificación

El Test de las Anillas permite informar sobre la capacidad de planificación de AF. Los resultados indican que AF presenta dificultades en esta habilidad en ambas valoraciones (Percentil y decatipo 1 en ambas).

5. Discusión

AF no recibió tratamiento neuropsicológico ni psicológico entre el periodo comprendido de la primera valoración a la segunda valoración. AF permaneció en casa con la única estimulación de ver la televisión.

Los datos psicométricos de la evaluación neuropsicológica indican que AF obtiene puntuaciones clínicamente inferiores respecto al punto de corte de la población normal. En este sentido, no se evidencian síntomas de simulación de problemas de memoria o cognitivos. Pese a las diferencias en atención y memoria verbal inmediata entre la primera y segunda evaluación, el paciente continuo presentando déficits neuropsicológicos en las funciones básicas como el procesamiento de la información, cambio atencional, memoria verbal y no verbal a largo plazo, la fluencia verbal y planificación de las tareas. Por lo que las funciones superiores como la función ejecutiva cuya misión es la de inhibir las conductas impulsivas y resolver problemas está muy afectada en el paciente. Estos datos son compatibles con los hallados en neuroimagen cerebral que destacan una lesión axonal difusa, lesión del lóbulo temporal y frontal izquierdo, ya que esta suele cursa con problemas de procesamiento de la información, memoria, fluencia verbal y función ejecutiva.

En resumen, los resultados de este caso indican que el AF no supera los puntos de corte de la normalidad estadística en la mayoría de los test neuropsicológicos. Lo cual indica que AF presenta déficits neuropsicológicos que persisten en el tiempo. Los datos de la anamnesis sugieren una historia psiquiátrica (trastorno de la personalidad y consumo de sustancias) y de lesiones cerebrales que son persistentes a lo largo de estos últimos años y que se relacionan con los déficits neuropsicológicos encontrados.

Del análisis de los datos extraídos de la valoración neuropsicológica y de personalidad concluimos que estos resultados son compatibles con criterios para un *Trastorno neurocognitivo moderado debido a la lesión cerebral traumática sin alteraciones de la conducta* según DSM-5 (294.10; F02.80). Por lo tanto, tras el traumatismo craneoencefálico ha habido un cambio orgánico de la personalidad, es decir, cambios en el temperamento y la personalidad de AF, desapareciendo los rasgos antisociales. Esta afirmación se apoya en los datos psicométricos sobre personalidad donde se observa un aumento de la apatía y disminución de la tensión. La literatura científica ha señalado la relación de estos síntomas (p.ej.: apatía, etc.) con el daño cerebral y el cambio orgánico de la personalidad tras un traumatismo craneoencefálico. Por otra parte, la no presencia de conductas agresivas en el presente puede haber coincidido con la prescripción del psicofármaco Palmitato de Paliperidona 100 mg, que es un fármaco antipsicótico utilizado para los trastornos crónicos y graves como los trastornos psicóticos y de la personalidad. Por lo tanto, AF necesita de un tratamiento psiquiátrico continuo de forma paliativa y supervisada por una tercera persona para mantener su estabilidad emocional a lo largo de su vida.

Concluimos que estos déficits cognitivos (atención, memoria, funciones ejecutivas, etc.) y las dificultades de adaptación relacionadas con el cuidado de sí mismo, habilidades sociales/interpersonales, autocontrol emocional y salud mental, le impiden que pueda tener un control adecuado en la toma de decisiones y hacer una vida independiente. En consecuencia, AF requiere de un control de una tercera persona en cuanto a bienes y una supervisión en la toma de decisiones.

Este es un caso donde se orienta a la familia y al juez para buscar un recurso adecuado para atender todas las necesidades de AF. Se sugiere la incorporación de AF a un centro de día para que pueda recibir la estimulación cognitiva adecuada y pueda ampliar sus relaciones sociales ya que lleva mucho tiempo sin salir de casa.

6. Referencias

1. Manual diagnóstico y estadístico de los trastornos mentales: DSM-5. Editorial médica panamericana, 2014.

2. Martínez-González AE. Aproximación a la neuropsicología forense. Autoeditado. 2011. Murcia

3. Fernández-Guinea S. La neuropsicología forense: consideraciones básicas y campos de aplicación. Rev Neurología 2001; 32(8): 783-787.

4. Cattell RB, Cattell A, Cattell H. Cuestionario factorial de personalidad 16PF. Publicaciones de psicología aplicada, TEA Ediciones. 1995. Madrid.

5. Lobo A, Ezquerra J, Gómez F, Sala J, Seva A. El mini-examen cognoscitivo. Un test sencillo y práctico para detectar alteraciones intelectuales en pacientes médicos. Actas Luso Españolas de Neurología y Psiquiatría 1979; 7: 189-201.

6. Folstein MF, Folstein SE, McHugh PR. Mini-Mental-State. A practicalmethod for grading the cognitive state of patients for the clinician. Journal of Psychiatric Research 1975; 12: 189-198.

7. Yela M, Cordero A. Adaptación española de la escala de inteligencia de Wechsler para adultos. Editorial TEA. 1996. Madrid.

8. Reitan RM, Wolfson RE. *La Batería de Prueba Neuropsicológica de Halstead-Reitan: Teoría e interpretación clínica.* 1993,2ª ed. Tucson, AZ Prensa Neuropsicológica.

9. Rey A. Psychological examination of traumatic encephalopathy. Arch Psychol 1941; 28: 286-340.

10. Osterrieth PA. The test of copying a complex figure: A contribution to the study of perception and memory. Archives de Psychologie 1944; 30: 286–356.

11. Palomo R, Casals-Coll M, Sánchez-Benavides G, Quintana M, Manero RM, Rognoni T, Calvo L, Aranciva F, Tamayo F, Peña-Casanova J. Spanish normative studies in young adults (NEURONORMA Young adults project): Norms for the

Rey—Osterrieth Complex Figure(copy and memory) and Free and Cued Selective Reminding Test. Neurología 2013; 28(4):226—235.

12. Vilar-López R, Perez Garcia M, Puente AE. TOMM: Test de simulación de problemas de memoria. Madrid. 2012. TEA Ediciones.

13. Henley NM. A psychological study ofthe semantics of animal terms. J Verbal Learning Verbal Behav 1969; 8: 176-184.

14. Casals-Coll M, Sánchez-Benavides G, Quintana M, Manero RM, Rognoni T, Calvo L, ... Peña-Casanova J. Estudios normativos españoles en población adulta joven (proyecto NEURONORMA jóvenes): normas para los test de fluencia verbal. Neurología 2013; 28(1): 33-40.

15. Stroop JR. Studies of interference in serial verbal reactions. Journal of Experimental Psychology 1935; 18: 643-662.

16. Rognoni T, Casals-Coll M, Sánchez-Benavides G, Quintana M, Manero RM,Calvo L, Palomo R, Aranciva F, Tamayo F, Peña-Casanova J. Spanish normative studies in young adults (NEURONORMA Young adults project): Norms for Stroop Color—Word Interference and Tower of London-Drexel University tests. Neurología 2013; 28(2):73—80

17. Portellano JA, Martínez Arias R. Test de las Anillas. Test para la Evaluación de las Funciones Ejecutivas. 2005. Editorial TEA. Madrid.

Rehabilitación Neuropsicológica de tumores cerebrales. Neurinoma del acústico. A propósito de un caso. 10

Mélanie Bourgeois Gutiérrez de la Torre
Amaya Nagore Casas

1. Introducción

Los tumores cerebrales

Según Shaphiro et al. 2008 [1], un tumor cerebral primario es un crecimiento celular anormal, benigno o maligno, cuyo origen se encuentra en el sistema nervioso central. Los tumores secundarios se diseminan desde cualquier otra parte del cuerpo hasta el cerebro, formando así un tumor metastásico, el cual contiene células que son como aquellas que le dieron origen en su localización primaria. Una vez en el cerebro, tanto los primarios como los secundarios crecen en el espacio confinado intracraneal o de la médula espinal provocando daños colaterales por compresión o destrucción y siendo de difícil acceso. Los tumores primarios generalmente no provocan metástasis puesto que la destrucción o la compresión se da directamente en el tejido mismo donde se encuentra y en los alrededores. En cambio, dependiendo de la localización, la velocidad de crecimiento y el tamaño, el tumor puede provocar hidrocefalia (acumulación del líquido encefalorraquídeo por obstrucción en su circulación) y presión intracraneal (PIC). La presión en el cerebro genera síntomas como cefalea, náuseas, vómitos, dificultades en la marcha y el equilibrio, alteraciones en la personalidad, disminución de la función psicomotora y somnolencia. A veces sólo provoca cambios en la capacidad mental, en la personalidad, en el estado de ánimo y en los procesos psicomotores.

En un tumor cerebral pueden producirse dos tipos de daño: global/difuso o específico/focal. En el caso del daño global suele ser de gravedad leve o moderada, cursa con un número de síntomas asociados al efecto de masa de la lesión, a una rápida velocidad de crecimiento del tumor y a la presencia de crisis epilépticas. En el caso del daño focal, el déficit cognitivo está asociado directamente con la localización anatómica de la lesión [2; 3]. Según Ardila & Ostrosky-Solis [4], los efectos de los tumores sobre el sistema nervioso tienen como consecuencia uno o más de los siguientes factores:

- Aumento de la presión intracraneal que implica afección global y difusa de la corteza y un deterioro de las funciones como la orientación, la atención, la memoria, las emociones, etc.

- Creación de focos epileptógenos (cuando la frecuencia de las crisis epilépticas es alta, podría ser un signo o síntoma de la presencia de un tumor e incluso ayudar a determinar su localización).

- Destrucción del tejido cerebral cuando el tumor invade y se propaga provocando déficits específicos asociados a su localización.

- Trastornos endocrinos que pueden ser por la invasión del sistema endocrino por el tumor o puede ser debido al efecto de masa que el tumor está haciendo en el espacio encefálico.

Los schwanomas acústicos representan entre el 9-10% de los tumores cerebrales intracraneales y más de la mitad de los tumores de la fosa posterior. Se estima una incidencia de 1 por cada 100.000 habitantes [5, 6]. Son diagnosticados cada vez con mayor frecuencia gracias al desarrollo de las nuevas técnicas de neuroimagen (resonancia magnética) y a las audiometrías de tonos puros. Según los datos estadísticos, es más común en la población femenina que en la masculina y suele aparecer entre los 30 y los 40 años de edad [5]. Es un tumor benigno que se origina, por las células de Schwann de los nervios vestibulares superior o inferior, en la zona de transición entre la mielina central y la periférica. Es decir que tendría lugar en la zona lateral del ángulo pontocerebeloso y medial del conducto auditivo interno. La tumoración se desarrolla como resultado de la mutación de un gen supresor de tumores alojado en el brazo largo del cromosoma 22. Este último se encarga de codificar la proteína llamada merlina responsable de controlar la proliferación de las células de Schwann [6].

El cuadro clínico del neurinoma del acústico se divide en cuatro estadios en relación con el grado de afectación del sistema auditivo interno y de la cisterna pontocerebelosa, llegando en su último nivel a un estado hidrocefálico. Su tamaño puede extenderse hasta 4-5 cm de diámetro (siendo pequeño cuando es de menos de 1,5cm, moderado entre 1,5-3cm y grande de 3cm y más). La pérdida auditiva es el síntoma más común (en el 95% de los casos) debido principalmente a la compresión de la cóclea y/o nervio auditivo. Generalmente afecta de manera unilateral y progresiva, siendo la bilateralidad pronóstico de fibromatosis. En los tumores pequeños suele aparecer sensación de vértigo y en los tumores grandes síntomas de inestabilidad y desequilibrio. Además, son habituales las parestesias faciales (adormecimiento del lado facial afectado debido a la cercanía de los nervios facial y auditivo) y ausencia de reflejo corneal o diplopia (visión doble). Asociadas a la hidrocefalia, aparecen afectaciones como náuseas y vómitos, cefalea o alteraciones del estado mental [6].

El tratamiento depende del estadio en el que se encuentre (tamaño, afección del tejido cerebral, velocidad de crecimiento). Cuando el tumor se encuentra entre el estadio 3-4 se suele intervenir quirúrgicamente realizando una exéresis del neurinoma. Si la cirugía es por la vía translaberíntica, aunque es muy eficaz, implica siempre la pérdida auditiva total (las otras formas de abordarlo no suelen afectar al nervio auditivo pero la eficacia no está asegurada). En casos menos graves se opta por la radioterapia local o la quimioterapia siendo generalmente dos medidas muy efectivas.

La rehabilitación cognitiva de los tumores cerebrales

Una lesión cerebral provoca cambios en la organización tanto cortical como subcortical, alterando la composición de las redes cerebrales funcionales y las relaciones entre las zonas dañadas y las zonas intactas. Se ven afectados distintos procesos psicológicos superiores que repercuten, en mayor o menor medida, en las actividades funcionales. La reversibilidad del daño depende de tres aspectos: la magnitud de la lesión, la relevancia de la zona cerebral afectada y la capacidad genética, idiosincrásica y personal de recuperación [7].

La plasticidad cerebral es la capacidad del cerebro para formar nuevas conexiones neuronales. Gracias a ella es posible modificar funcional y estructuralmente el cerebro a través de la estimulación [8]. En este proceso se basa la neuropsicología. El término de neuropsicología es reciente en el tiempo y se define como la neurociencia que estudia las relaciones entre el cerebro y la conducta tanto en sujetos sanos como en los que han sufrido algún tipo de daño cerebral [9]. Se centra en el conocimiento de las bases neurales de los procesos mentales complejos y en las conductas específicamente humanas: lenguaje, pensamiento, memoria, funciones ejecutivas, así como formas complejas de percepción y atención [10].

En la actualidad, la neuropsicología supone un gran avance para curar, prevenir y tratar problemas relacionados con el sistema nervioso central. La intervención a través de procesos rehabilitadores se convierte en una muestra de la capacidad de adaptación y mejora de nuestro cerebro [11] y, por tanto, subraya la importancia de la existencia de programas de rehabilitación [12].

Los mecanismos de recuperación responden a las posibilidades de cambio y reestructuración que ofrece la plasticidad cerebral definida anteriormente [13]. Gracias a una rehabilitación adaptada, el cerebro es capaz de restaurar o compensar funciones cognitivas afectadas por la lesión [14]. El diseño del programa de rehabilitación tiene que adaptarse a las particularidades de cada caso. No obstante, existen puntos esenciales a tener en cuenta durante el proceso. La rehabilitación debe estructurarse sobre las funciones preservadas [15] y utilizar una jerarquía de tareas con distintos grados de complejidad [16]. Además, debe tener en cuenta el tratamiento farmacológico para poder adaptar el trabajo cognitivo a las capacidades y necesidades del paciente a lo largo de su recuperación [18]. El objetivo fundamental de la rehabilitación neuropsicológica es conseguir que el paciente llegue a ser lo más funcional e independiente posible [9, 17].

Los estudios relacionados con los tumores cerebrales afirman que los sujetos presentan déficits cognitivos que, en la mayoría de los casos, les impiden seguir una vida normal [2, 18]. Diversos autores han encontrado que las alteraciones más frecuentes asociadas con los tumores cerebrales se encuentran en las siguientes funciones: memoria, atención, lenguaje, aprendizaje verbal, funciones ejecutivas y psicomotricidad [1, 19].

La atención hace referencia al estado de observación y alerta que permite tomar consciencia de lo que ocurre en el entorno [20] y se compone de la atención sostenida y de la atención selectiva. Aunque se traten de funciones separadas [21], los procesos atencionales están directamente relacionados con la intencionalidad, la toma de decisiones y la planificación de acciones [22]. Según Yogev-Seligmann et al. [23] y Portellano et al. [10] la atención permite el desarrollo correcto de las acciones, colabora con las funciones ejecutivas y ayuda al aprendizaje de nuevos conocimientos a través de la activación de la corteza. Es decir, que no se puede hablar de atención sin hablar de funciones ejecutivas y viceversa.

Según Lezak [24], las funciones ejecutivas se definen como las capacidades cognitivas esenciales para llevar a cabo una conducta eficaz, creativa y aceptada socialmente. Según Roberts, Robbins & Weiskrantz [25] y García-Villamisar & Muñoz [26], el término da nombre a los procesos cognitivos necesarios para la realización de nuevos planes de acción que exigen una secuencia de respuestas seleccionadas y ordenadas de acuerdo a determinados criterios. Se ven implicadas capacidades para la formulación de metas, el control inhibitorio, la planificación, la búsqueda de estrategias y la toma de decisiones. Anatómicamente se localizan en los lóbulos frontales y dependen de las conexiones entre la corteza frontal, el sistema límbico y zonas posteriores del cerebro [27]. Las funciones ejecutivas son esenciales para organizar nuestra conducta [28].

La comunicación es una acción dirigida a un receptor capaz de interpretar lo que recibe y dar respuesta. El lenguaje sería un instrumento de comunicación que está formado por un sistema de signos arbitrarios codificados que nos permite representar la realidad. Los seres humanos podemos producir y recibir lenguaje. Se trata de una función superior muy compleja que suele verse menoscabada cuando hay daño cerebral [9].

La memoria y el aprendizaje son también dos procesos superiores que están íntimamente relacionados puesto que gracias a ellos los seres humanos organizamos y manejamos los estímulos externos e internos. A través de la memoria se puede dar el aprendizaje puesto que se trata de que una conducta que se realiza en un momento preciso se registre de forma que pueda volver a realizarse en un futuro. Existen dos tipos de memoria: implícita y explícita. La primera funcionaría de manera no consciente para el propio sujeto (todo lo que se memoriza de manera automática). La segunda hace referencia a aquella memoria que usamos conscientemente, cuando el objetivo es retener explícitamente información del ambiente.

Según Schagen et al. [18], se ha podido comprobar que la rehabilitación a través de la psico-educación y el trabajo multidisciplinar ayuda a mejorar las funciones dañadas de los pacientes antes descritas y acelera el proceso de adaptación a la vida cotidiana. Para contribuir a la mejora de la calidad de vida y del estado de ánimo del sujeto afectado, este trabajo propone un programa de rehabilitación personalizado del Schwanoma acústico.

2. Objetivo

En este capítulo se pretende identificar los trastornos cognoscitivos causados por el neurinoma del acústico, determinar la magnitud del daño cerebral y establecer un programa de rehabilitación individualizado y multidisciplinar. Se trata de que, a través de la potenciación de sus habilidades y brindándole las herramientas necesarias, el paciente logre reincorporarse a la vida cotidiana.

3. Método

3.1. Descripción del contexto y del caso

El presente capítulo sigue un diseño sin postest de caso único n=1; pese a que no pudo realizarse una evaluación rigurosa de su estado tras la rehabilitación neuropsicológica, se incluyen en el trabajo algunos de los resultados preliminares de la evaluación postest. Se trata de un caso muy característico de neurinoma del acústico con numerosas funciones menoscabadas. Aunque la rehabilitación del sujeto es multidisciplinar, el programa de rehabilitación presentado se centra en los aspectos neuropsicológicos trabajados.

El paciente P. es varón, diestro y tiene 32 años. Cursó estudios superiores de derecho y economía. Su lengua materna es el castellano pero pasó toda su escolaridad en un sistema francófono por lo que el francés podría considerarse su segunda lengua. La familia le describe como un hombre responsable, organizado y tranquilo. Desde el punto de vista social, P. tenía facilidad para relacionarse con las personas, solía moverse en los mismos círculos de amistad y mantenía un vínculo muy fuerte con su familia. En el momento previo al diagnóstico, P. trabajaba en el departamento de recursos humanos de una gran empresa. Vivía independizado y en pareja desde hacía unos años. No hay evidencia de hábito en el consumo de sustancias.

A raíz de una revisión médica en el trabajo en mayo de 2016 y tras detectarle una hipoacusia derecha progresiva, P. acude al servicio de Otorrinolaringología donde se le diagnostica una tumoración en el ángulo pontocerebeloso derecho sugestivo de neurinoma del acústico de 4,2 x 3,48 cm con desplazamiento del tronco encefálico y componente de hidrocefalia asociado (Figura 1). Debido al tamaño y a la gravedad de los síntomas [30], se interviene a mediados de septiembre realizándose una exéresis de una gran parte del neurinoma del VIII par craneal por vía translaberíntica, con monitorización intraoperatoria del nervio facial. Como la exéresis no ha sido completa (debido al gran tamaño de la tumoración y al riesgo asociado), se determina la posibilidad de una segunda intervención en el futuro.

Figura 1. *Imagen por resonancia magnética cerebral, corte coronal posterior, de tumoración en el ángulo pontocerebeloso derecho.*

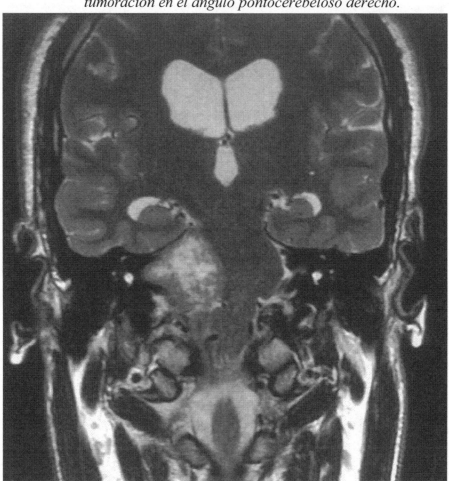

Tras la primera intervención quirúrgica el 14 de septiembre de 2016, el informe médico de P. describe una pérdida auditiva total del oído derecho e inestabilidad al caminar. Llega a unos de los Centros de rehabilitación de daño cerebral en Madrid a finales de octubre de 2016. El paciente refiere adormecimiento del hemicuerpo derecho, alteración de la marcha, problemas en la comunicación así como dificultades para realizar actividades de la vida diaria y tareas manipulativas de precisión.

3.2.   Materiales o Instrumentos utilizados

Test de Barcelona [31]

Este test es un programa integrado de exploración neuropsicológica. Su objetivo es evaluar los posibles daños neurológicos y medir cuantitativamente el estado cognitivo.

Mapa del zoo (BADS en adelante) [32]

Este test es uno de los subtest de la evaluación conductual del síndrome disejecutivo (BADS), una batería de test dirigida a predecir las dificultades del funcionamiento ejecutivo que surgen en la vida diaria.

Los pacientes con problemas en las funciones ejecutivas son difíciles de evaluar porque su deterioro no está en una habilidad específica, sino en la capacidad para iniciar su uso, supervisar su ejecución y usar esta información para ajustar su conducta.

Incluye las siguientes pruebas:

- Test de Cartas con Cambio de Reglas.
- Test del Programa de Acción.
- Test de la Búsqueda de las Llaves.
- Test de Juicio Temporal.
- Test del Mapa del Zoo.
- Test de los Seis Elementos Modificado.
- Cuestionario Disejecutivo.

En este test se le pide al sujeto que visite una serie de lugares determinados en un mapa de un zoo. Sin embargo, se deben cumplir ciertas reglas para planificar la ruta.

The Brief Test of Attention (BTA en adelante) [33]

Es un test que evalúa la atención dividida. Se trata de ordenar una lista que contiene letras y números mezclados donde el paciente tiene que contar los números que aparecen sin contar las letras y viceversa.

Trail Making Test A y B (TMT en adelante) [34]

La parte A evalúa la atención ejecutiva motora y la parte B la atención dividida. En la primera parte se trata de unir sin levantar el lápiz todos los números del 1 al 25, en la segunda parte se añade la dificultad de tener que alternar en la unión números del 1 al 13 y letras de la A a la L. Se cronometra el tiempo de realización y se anota la manera de proceder.

Test de cancelación de Mesulam [35]

Evalúa la atención y detecta la hemingeligencia. Se trata de un test de cancelación de letras y test de bisección de líneas y cancelación de líneas. Hay que tachar las letras entre distractores o tachar las líneas que aparecen de forma horizontal en su parte central.

Escala Weschler de Memoria (WMS-III en adelante) [36]

Es una batería que evalúa la memoria inmediata, demorada y la memoria de trabajo. Incluye pruebas de recuerdo y reconocimiento en las modalidades auditiva y visual. Consta de 11 pruebas, 6 principales y 5 optativas.

Escala de inteligencia de Wechsler para adultos-IV (WAIS-IV en adelante) [37]

Evalúa las diferentes partes de la inteligencia: Comprensión verbal, razonamiento perceptivo, memoria de trabajo y velocidad de procesamiento en 15 subpruebas (Cubos, semejanzas, dígitos, matrices, vocabulario, aritmética, búsqueda de símbolos, información, clave de números, letras y números, comprensión, figuras incompletas, puzles visuales, balanzas y cancelación).

3.3.   Procedimientos

Para planificar un programa de rehabilitación es necesario valorar la situación actual del paciente en todos los ámbitos. Por esa razón, en los centros de rehabilitación se comienza por una evaluación multidisciplinar que suele incluir neuropsicología, logopedia, fisioterapia, y terapia ocupacional. Además, la evaluación inicial requiere que el rehabilitador tenga acceso a la historia personal del paciente y a la información relevante que le proporcionen los profesionales y los familiares.

La evaluación neuropsicológica es fundamental para determinar qué funciones están alteradas y cuáles preservadas. Según Muñoz-Céspedes y Tirapu-Ustarroz [43], la evaluación es una fuente de información esencial para diversos aspectos: además de proporcionar información de las consecuencias de la lesión cerebral, permite hacer un diagnóstico más preciso y definir perfiles clínicos (que caracterizan diferentes tipos de patología). Gracias a esa recogida de datos previa, se puede constituir un programa de rehabilitación a medida, ver los progresos, la eficacia del tratamiento y elaborar un pronóstico a largo plazo. La evaluación neuropsicológica ayuda también a hacer valoraciones médico-legales del nivel de deterioro cognitivo y aporta información para la ciencia sobre las relaciones entre el cerebro y la conducta. A la hora de elegir los instrumentos de evaluación también es importante valorar el estado afectivo-comportamental del paciente. Para favorecer la colaboración y evitar la frustración, hay que empezar evaluando los procesos más básicos e ir aumentando la exigencia en la medida en que sea posible. Se empieza por los procesos de orientación y atención que van a darnos una idea general de cómo se encuentra el paciente a nivel funcional (si sabe dónde está, la fecha y sus datos personales, si muestra respuesta a estímulos externos, si sigue la conversación, etc.).

Los programas de rehabilitación cognitiva para la mejora de la atención, la memoria y el funcionamiento ejecutivo, así como programas que combinen el tratamiento neuropsicológico con el farmacológico, suelen ser efectivos en pacientes con tumores cerebrales [18]. Según Ardila & Ostrosky-Solis [4], la evaluación neuropsicológica de un paciente con tumor cerebral tiene que tener en cuenta los factores siguientes que influyen en su sintomatología: la localización específica del tumor, el tamaño, la posible invasión del tejido cerebral, y la velocidad de crecimiento de éste.

4. Resultados de la evaluación

4.1. Evaluación neuropsicológica inicial

4.1.1. Descripción cuantitativa

Los resultados de los test utilizados durante la evaluación inicial se muestran en la Tabla 1.

Tabla 1. *Evaluación inicial*

Test	Resultados
Test Barcelona (subtest de Orientación)	Tiempo: 23/23. Espacio: 5/5 Persona: 7/7
Test Breve de atención (BTA)	Letras: 8. Nº: 5. Percentil 3.
Trail Making Test Parte A	Tiempo = 51". Errores = 0. Pe < 5.
Trail Making Test Parte B	Tiempo = 1'53". Errores = 0 Pe < 5.
Praxias Test Barcelona (incluye: gnosis digital, grafestesia, praxias ideomotoras y constructivas)	29/31 Dificultad en la reproducción de secuencias de posturas y coordinación recíproca bimanual.
Test Mesulam	Tiempo= 2'24" Omisiones = 0
Escala Weschler de Memoria (WMS-III) Puntuaciones Escalares subtests	Localización espacial = 9. Caras I = 10. Caras II = 12. Textos I = 6. Textos II = 8
Escala Weschler de Inteligencia (WAIS-IV) Puntuaciones Escalares subtests	Figuras Incompletas = 12. Dígitos= 11. Clave nº = 4. Cubos = 9. Búsqueda Símbolos = 6. Letras y números = 12.
BADS (punt. perfil)	Zoo puntuación perfil = 4/4.

4.1.2. Descripción cualitativa.

Teniendo en cuenta los datos cuantitativos de las pruebas y analizando cualitativamente la conducta del sujeto, los resultados de la evaluación inicial son los siguientes: En las funciones mentales globales, P. se encuentra orientado en las tres esferas (tiempo, espacio y persona). Se aprecian leves dificultades en la velocidad de procesamiento, sobre todo en actividades que requieren la coordinación viso-manual.

En lo que se refiere a la atención, el paciente presenta alteraciones en el mantenimiento prolongado de la atención. Por tanto, muestra más probabilidad de error a medida que el tiempo de la tarea aumenta. La atención selectiva se encuentra ligeramente menoscabada cuando se trata de inhibir distractores (externos e internos) y seleccionar la información relevante. Esto último puede tener relación con el nivel de fatiga atencional acumulado. En las tareas de cambio de foco (atención alternante), el sujeto tiene una velocidad inferior a la media. Y, por último, existe una dificultad notoria cuando se requiere la atención dividida sobre todo si se trata de combinar lo motor y lo cognitivo (p. ej.: andar y hablar a la vez).

De manera general, el paciente alcanza mejor nivel en pruebas de memoria a largo plazo que en las de memoria inmediata. Tiene puntuaciones ligeramente por debajo de la media poblacional en memoria verbal.

En la recepción del habla, P. comprende los mensajes orales simples y complejos. En general su dificultad en la recepción del lenguaje oral suele estar estrechamente relacionado con su sordera total en el oído derecho recientemente adquirida. En la comprensión lectora, es capaz de entender fragmentos pequeños de información pero muestra una leve alteración para extraer las ideas principales de textos complejos y más en presencia de distractores.

En la producción del habla, P. se comunica correctamente de forma oral, accede al léxico necesario, respeta las reglas de morfosintaxis y de estructura conversacional. Se observan, sin embargo, perseveraciones cuando el contenido es emocional (hablar de sus miedos o de la enfermedad). Lo mismo sucede cuando el discurso es largo o laborioso dando lugar a bloqueos o estrategias de evitación.

También presenta alteración de la propiocepción de su hemicuerpo derecho, sobre todo en miembros inferiores (MMII). Le cuesta localizar propioceptívamente sus partes corporales si no las visualiza. Tiene un problema moderado en el esquema corporal que se agudiza cuando se halla en movimiento.

En cuanto a las praxias, el sujeto presenta una leve dificultad a la hora de encadenar movimientos complejos, principalmente relacionada con su poca conciencia del hemicuerpo derecho y con los problemas atencionales y ejecutivos.

Como ya se ha mencionado, es difícil hablar de atención sin hablar de funciones ejecutivas y viceversa. Pero en este caso, todas las disfunciones están muy relacionadas con la alteración del funcionamiento ejecutivo y de la atención. De forma que las puntuaciones bajas en memoria verbal podrían deberse a las dificultades que P. presenta a nivel atencional y ejecutivo afectando a la codificación y recuperación de la información verbal. Por esa razón, a la hora de recordar, el paciente no tiene en cuenta ciertos datos que ha almacenado. Y cuando codifica, realiza una selección de la información que no siempre es la acertada de forma que, luego en la recuperación, faltan detalles necesarios que él no ha dado importancia en la codificación. Este problema también se observa en la recepción de la información; pues presenta mayores dificultades cuando hay distractores o cuando la información es muy densa. Asimismo, se puede observar cierta rigidez cognitiva en tareas complejas en las que tiene que razonar, extraer las ideas principales, usar la imaginación y la abstracción (p. ej.: continuar una historia desde diferentes perspectivas) u organizar elementos relacionados entre sí.

Por último, es necesario hablar del aspecto afectivo-comportamental de P. referido a su enfermedad. Se encuentra altamente afectado por todas las alteraciones que han provocado la intervención quirúrgica. Antes de la operación tenía algún problema leve asociado al tumor, del que no era consciente del todo. Le advirtieron que tras la operación tendría sordera total y posiblemente una parálisis facial que con rehabilitación desaparecería. Sin embargo, no se le preparó para lo que realmente le sucedió: hemiparesia derecha, alteración de la marcha bípeda, trastornos del equilibrio, dificultades para hablar, problemas de concentración y atención, etc. Por lo que, durante la evaluación inicial, P. se encontraba en estado de shock todavía. Por esa razón, el paciente aborda las tareas con cierto componente ansioso y tiende a mostrar una baja confianza en sus capacidades. Suele anticipar el error o un bajo rendimiento en las tareas propuestas. Y, además, solicita frecuente *feedback* de su ejecución mostrando una leve inseguridad que influye en su rendimiento cognitivo.

5. Descripción de la evaluación y tratamiento neuropsicológico

Como se ha mencionado en apartados anteriores, la evaluación neuropsicológica no está orientada únicamente a determinar el estado de las funciones cerebrales tras una lesión, sino que también sirve para diseñar un programa de rehabilitación adaptado a las necesidades particulares de cada paciente. No se ha de olvidar incluir el trabajo de la conciencia de las dificultades y las alteraciones emocionales que pueda tener el paciente. El tratamiento de P. tiene que estar también orientado a mejorar haciéndolo consciente de sus dificultades y de la carga afectiva que conllevan [38, 39]. Blázquez et al. [39], establece cuatro pilares fundamentales para el proceso de rehabilitación recopilando información de las propuestas de Wood [40], Stuss et al. [38] y Prigatano & Wong [41]. Se resumen en lo siguiente:

- El entrenamiento cognitivo en tareas concretas para recuperar las habilidades deficitarias.

- El aprendizaje de técnicas de autocontrol, de autoregulación emocional, de resolución de problemas (entre otras) con el fin de mitigar las alteraciones conductuales y emocionales.

- Trabajar la focalización de la atención del paciente en su propia experiencia (autoconciencia).

- Potenciar la buena relación terapéutica que facilite la intervención.

Para el programa de rehabilitación, se planificaron tres evaluaciones neuropsicológicas. Una evaluación inicial (A), indispensable para valorar las funciones alteradas, las preservadas y establecer una línea base para el diseño de la intervención. Una segunda (B), a mitad de rehabilitación (seis meses), que orientaba sobre la evolución del paciente y los efectos de la intervención, además de servir para replantearse el enfoque del tratamiento si fuese necesario. Y, al final de la fase B, una tercera evaluación (C) para comparar el rendimiento del paciente antes y después de un año de rehabilitación [42]. La fase B y la evaluación C no se describen en este estudio porque no ha sido posible abarcarlas temporalmente para la realización del presente trabajo de seis meses cada una (Fase A: octubre-febrero y Fase B: marzo-septiembre). Primero se establecieron los objetivos específicos para la fase A (de octubre a febrero) y, tras la evaluación B, se plantearon los objetivos para la fase B (de marzo a septiembre).

Hay que recordar que para una recuperación completa son necesarias otras terapias junto con la neuropsicológica (logopedia individual y grupal, terapia ocupacional y fisioterapia). Entre todas constituyen un programa de rehabilitación multidisciplinar donde cada una establece unos objetivos orientados a su especialidad aunque comparten como meta final conseguir la readaptación del paciente a la vida normal. A veces, los profesionales trabajan conjuntamente en una misma sesión porque las disfunciones que tiene el paciente así lo requieren (p. ej.: P. mostraba una alta dificultad a la hora de hablar y caminar a la vez, ya que se trataba de dos aspectos que tenía alterados. Hubo sesiones donde el logopeda y el fisioterapeuta trabajaban al mismo tiempo).

5.1. Fase A

A continuación se presentan los objetivos de esta fase (véase Tabla 2).

Tabla 2. *Objetivos de la Fase A*

Funciones	Objetivo
VELOCIDAD DE PROCESAMIENTO	Lograr aumentar la velocidad de procesamiento en tareas duales (combinación de motricidad y otras funciones afectadas).
ATENCIÓN	Fortalecimiento de la focalización y sostenimiento de la atención, sobre todo a nivel conversacional o ante la presentación de mayor volumen de información o de contenido complejo.
LENGUAJE Y COMUNICACIÓN	Incrementar la producción oral y mejorar la comunicación cuando la información es compleja o de mayor longitud: - Producción oral y escrita. - Mejorar la vocalización y la comprensión en la lectura. - Producción regulada y establecimiento de una conversación lógica, organizada y fluida.
FUNCIONES EJECUTIVAS	Introducir actividades que requieran organizar elementos, combinar informaciones de naturaleza distinta y crear nuevos argumentos: - Trabajar la memoria de trabajo. - Estimular la planificación de las actividades de la vida diaria. - Incrementar la imaginación y la creación de alternativas.

EMOCIÓN Y COMPORTAMIENTO	- Mejorar la interacción personal y la motivación en la terapia. - Favorecer que se apoye de su entorno socio-familiar y hacerle consciente de ello. - Trabajar la aceptación de los déficits y la importancia de su colaboración para la rehabilitación.
FUNCIONAMIENTO SOCIO-FAMILIAR	- Concienciar a la familia de los déficits del paciente y trabajar la interacción (psico-eduación). - Favorecer las relaciones de apoyo y de confianza entre el paciente y los familiares. Lograr el incremento la independencia del paciente y su rol en la familia.

5.1.2. Tratamiento

Existen instrumentos muy variados para entrenar y potenciar diferentes procesos cerebrales. La elección depende del contexto terapéutico (terapias individuales o grupales, tiempo de sesión, tipo de terapia), de la actitud del paciente, de la lesión cerebral y del conocimiento y experiencia del profesional. Según Tirapu-Ustárroz [36], "la aproximación cuantitativa puede resultar de utilidad para valorar la eficacia de distintos programas de rehabilitación en grupos de pacientes, mientras que la aproximación más cualitativa permite un análisis más detallado de los errores cometidos por cada paciente y de las estrategias utilizadas y no utilizadas, lo que constituye la base para el establecimiento de un programa de rehabilitación individualizado".

Teniendo en cuenta la evaluación neuropsicológica inicial, en un primer momento, la rehabilitación de P. se centró en aumentar la autoconfianza y mejorar la visión que tenía de sí mismo trabajando al mismo tiempo otras funciones dañadas. Para ello se utilizó un método cualitativo basado en ejercicios y tareas que ayudasen a estimular el cerebro de P. A continuación se describen alguna de las técnicas de rehabilitación asociadas a las funciones menoscabadas.

Tabla 3. *Técnicas de rehabilitación en la Fase A*

Técnicas de rehabilitación	Funciones trabajadas
Visualización de vídeos o imágenes, lectura de textos cortos (sobre temas de interés para el paciente): 1. Prestar atención a la información general y específica. 2. Extraer las ideas importantes. 3. Realizar una sinopsis organizando la información y eliminando los detalles no relevantes. 4. Inventar una alternativa a la argumentación inicial o imaginar la continuación posible. Realizar tarea distractora y preguntarle por el contenido de la historia tiempo después.	ATENCIÓN (sostener la atención durante la visualización o lectura para no dejar escapar ningún detalle) LENGUAJE Y COMUNICACIÓN (comprensión verbal y expresión oral con estructura argumentativa). FUNCIONES EJECUTIVAS (memoria de trabajo y flexibilidad cognitiva a la hora de organizar las ideas e inventar alternativas). MEMORIA (recordar después de un tiempo de tarea distractora).
Presentación de viñetas desordenadas (con dibujos y texto): A ser posible que contenga un mensaje implícito o un doble sentido. 1. Describir una a una todas las viñetas por separado. 2. Ordenar las viñetas en el menor tiempo posible. 3. Contar la historia explícita. 4. Explicar el mensaje implícito o el doble sentido. Realizar tarea distractora y preguntarle por el contenido de la historia tiempo después.	LENGUAJE (expresión oral, comprensión verbal y escrita). ATENCIÓN (A mayor cantidad de estímulos, mayor esfuerzo atencional). MEMORIA (recordar después de una distracción). FUNCIONES EJECUTIVAS (flexibilidad cognitiva y memoria de trabajo). VELOCIDAD DE PROCESAMIENTO (ordenar de una manera rápida y lógica usando la mano de lado afectado por la lesión
Planificación de la semana, construcción de una nueva rutina. 1. Realizar un horario de la semana incluyendo las actividades fijas. 2. Pensar en actividades domésticas y de cuidado personal que el paciente podría realizar (teniendo en cuenta su problema motor).	ATENCIÓN (sostener la atención en una tarea organizativa y teniendo en cuenta la estructura). MEMORIA (recordar todos los elementos presentes en la semana). FUNCIONES EJECUTIVAS (organizar el día a día teniendo en cuenta el tiempo y siendo realista con las capacidades).

3. Añadir actividades que podrían ser placenteras y ayudar a su reincorporación a la vida diaria. 4. Analizar el tiempo que requiere cada actividad (siendo consciente de sus dificultades actuales). Repasar semana a semana. Ir reajustando en función de la evolución.	EMOCIÓN Y COMPORTAMIENTO (trabajar la conciencia de déficits, el cambio de vida y la readaptación, utilización de la mano derecha afectada para diseñar el horario).
La lista de la compra: 1. Hacer un repaso de los elementos que faltan en casa y apuntarlos en una hoja. 2. Calcular el dinero total que podría costar la compra y las cantidades necesarias. 3. Imaginar un recorrido eficaz que habría que realizar en el supermercado teniendo en cuenta los productos de la lista. Realizar tarea distractora y preguntarle por el contenido de la lista de la compra tiempo después.	FUNCIONES EJECUTIVAS (planificación, flexibilidad cognitiva y memoria de trabajo). MEMORIA (a corto plazo y largo plazo) EMOCIÓN Y COMPORTAMIENTO (empoderar al paciente y hacerle responsable del día a día).
Técnicas operantes: - Moldeamiento: reforzar las aproximaciones a la conducta que se quiere conseguir e ir extinguiéndolas hasta llegar a la deseada. - Extinción del comportamiento no deseado. - Generalización estimular: reforzar el comportamiento adaptativo en varias situaciones. - Reforzamiento positivo (para fomentar conductas adecuadas): Amabilidad y paciencia del profesional, tratar temas que le gusten al paciente, refuerzos verbales ante los logros.	CONTROL AFECTIVO-COMPORTAMENTAL (vínculo terapéutico, motivación, comportamiento más adaptado, interacción personal) FUNCIONAMIENTO SOCIO-FAMILIAR (control de las emociones negativas)

- Modelado (para aprender a hacer una tarea).	
- Encadenamiento (cuando se trataba de re-aprender una secuencia conductual).	

A parte del material en formato físico de toda rehabilitación, el Centro hace uso de una plataforma tecnológica que facilita material visual y auditivo para trabajar las distintas funciones neuropsicológicas: *NeuronUp®* (TEA Ediciones) para la estimulación cognitiva y neurorrehabilitación, y *NeuroPersonalClinic®* del Institut Guttmann de neurorehabilitación.

Es importante decir que en todas las tareas posibles se le pedía que utilizase la mano derecha (mano afectada por la lesión pero que en un origen era su mano dominante). Asimismo, se insistía en introducir la utilización del hemicuerpo derecho en el máximo de tareas posibles ya que la mayoría de las dificultades se exacerbaban (tareas duales).

Se tuvo en cuenta la familia como herramienta fundamental para el cambio y evolución del paciente. Para ello, el neuropsicólogo y los familiares se reunían semanalmente para compartir datos, comentar las dificultades de P. y de la familia con la terapia. Además, una vez al mes se reunía todo el equipo multidisciplinar con el paciente y su familia para repasar los logros y dificultades de P., dar pautas a los familiares y analizar la perspectiva de futuro.

5.2. Resultados cualitativos de Evaluación B (a los seis meses)

Dado que no se pudo tener acceso a los resultados de la evaluación cuantitativa, se describen estos desde la vertiente más cualitativa o de proceso. En las funciones mentales globales, P. sigue orientado en las tres esferas (tiempo, espacio y persona). Casi no muestra dificultades en velocidad de procesamiento habiendo experimentado una mejoría muy significativa en este aspecto.

En lo que se refiere a la atención, el paciente es actualmente capaz de mantener la atención durante periodos prolongados de tiempo. Ocasionalmente muestra dificultad en la atención selectiva debido a la falta de inhibición de distractores, sobre todo los internos. En la atención focalizada y en la atención dividida no presenta ya ningún problema a nivel clínico y observacional.

P. no presenta dificultades de memoria. Únicamente le cuesta registrar la información verbal o visual cuando la tarea es compleja debido a los problemas ejecutivos y atencionales que persisten, aunque con menor intensidad.

En la recepción del habla, comprende sin problema los mensajes orales simples y complejos. De vez en cuando pide la repetición de lo que se ha dicho (a veces porque no lo ha oído y a veces por inseguridad). En la producción del habla, P. se comunica correctamente de forma oral y accede al léxico necesario respetando la morfosintaxis y la estructura conversacional. Cuando el discurso es largo o laborioso sigue presentando ligeros fallos articulatorios o bloqueos.

En cuanto a la propiocepción, se nota una ligera mejora. Aunque utiliza más su lado izquierdo ante la actividad bimanual, es capaz de imitar y describir las diferentes posiciones de un hemicuerpo al otro.

En cuanto a las praxias, el paciente ha mejorado la coordinación viso-manual. Está más pendiente de su hemicuerpo derecho y se esfuerza en usarlo preferentemente al izquierdo. Aún tiene dificultades en la escritura y en la realización de movimientos manuales finos y coordinados.

Aunque se percibe una evolución desde el principio de la rehabilitación, P. sigue presentando algunas dificultades aún en la flexibilidad cognitiva y en la memoria de trabajo (funciones ejecutivas). Sin embargo, muestra mayor agilidad para proponer alternativas y es capaz de cambiar de estrategia en una tarea si es necesario. Cada vez tiene mejores resultados en ejercicios en los que se utiliza la memoria de trabajo.

Por último, en el aspecto afectivo-comportamental, P. sigue mostrándose ansioso ante tareas que requieren coordinación y control de la motricidad fina. Anticipa el error y tiene baja confianza en sí mismo afectando a su rendimiento. Pero presenta mayor consciencia de sus déficits y se encuentra más motivado con la rehabilitación. Es capaz de ver su progreso con más claridad como representa el hecho de haber empezado a hacer actividades solo (ir al teatro o al cine, conduciendo o andando sin compañía ni ayuda de ningún tipo), algo que antes le aterrorizaba y le impedía avanzar en su recuperación.

5.3.   Fase B: Objetivos específicos

A continuación, se describen los objetivos específicos que se establecieron para la segunda parte del programa de rehabilitación.

Tabla 4. *Objetivos específicos de la Fase B*

Funciones	Descripción del objetivo
ATENCIÓN	Mejorar en atención selectiva.
LENGUAJE Y COMUNICACIÓN	Mejorar la articulación y los tiempos en el discurso, disminuyendo la velocidad para que se entienda mejor. Organizar la información del discurso de forma lógica y adaptada.
FUNCIONES EJECUTIVAS	Persistir en mejorar la flexibilidad cognitiva fomentando la creatividad, el cambio de estrategias y la proposición de alternativas. Seguir potenciando la memoria operativa. Plantearse metas durante la rehabilitación y estructurar el proceso para alcanzarlas.
EMOCIÓN Y COMPORTAMIENTO	- Enfatizar en el refuerzo y auto-refuerzo. - Trabajar el concepto del error: entenderlo como necesario para el cambio y el aprendizaje. - Seguir fomentando la autonomía y la independencia del paciente en su día a día.

FUNCIONAMIENTO SOCIO-FAMILIAR	Lograr que la familia deje al sujeto en autonomía para que vaya retomando las "riendas" de su vida.

6. Conclusiones

En el presente capítulo, se eligió un caso de neurinoma del acústico (VIII par craneal) en el ángulo pontocerebeloso derecho de 4,2 x 3,48 cm con desplazamiento del tronco encefálico y componente de hidrocefalia asociado. P. tenía un historial clínico muy característico de este tipo de tumoración en estadio avanzado, motivo principal por el cual se profundizó en su análisis. Destacaba por presentar todas y cada una de las alteraciones más habituales de los schwanomas acústicos de gran tamaño y con la sintomatología nombrada, es decir, aquellas asociadas con la atención, la velocidad de procesamiento, el aprendizaje y la memoria, así como el lenguaje, las funciones ejecutivas y alteración motora [1, 19, 18].

Se diseñó un programa de rehabilitación adaptado al paciente y, aunque este trabajo se centra en el aspecto neuropsicológico del tratamiento, es importante recordar que la intervención fue multidisciplinar. Primero se realizó una evaluación multidisciplinar inicial (A) para ver qué procesos se habían visto afectados y poder así determinar las necesidades de la intervención. Se programaron temporalmente dos evaluaciones más: la evaluación B al final de la fase A (a los seis meses) y otra al término de la fase B (después de un año de tratamiento). Para cada fase, se establecieron unos objetivos específicos en base a los resultados en la evaluación. Es importante subrayar que en este trabajo solo se describen los primeros seis meses de tratamiento y los objetivos de la fase B. La fase B y la evaluación C no aparecen aquí descritas puesto que no se han dado aún temporalmente ya que el paciente continúa actualmente en proceso de rehabilitación.

En resumen, después de seis meses de intervención y comparando la evaluación inicial (A) con la evaluación intermedia (B), se constata una mejoría, en mayor o menor medida, en todos los aspectos tratados. El dato más relevante en el ámbito neuropsicológico es el progreso en la memoria, la atención, la comunicación y aspectos emocionales y comportamentales; elementos fundamentales para la recuperación general. Se vuelve necesario hablar de la rehabilitación multidisciplinar en esta fase A puesto que el sujeto en la evaluación inicial era incapaz de andar sin apoyo, tenía dificultades de motricidad con el hemicuerpo derecho y problemas logopédicos (disartria, alteraciones articulatorias, de modulación del volumen, etc.). Estos déficits afectaban al resto del tratamiento, provocando miedos, inseguridades y situaciones de estrés, dificultando la comunicación y haciendo al paciente más dependiente de los demás.

En la actualidad (inicio de la fase B) se podría resaltar la total independencia en la marcha, la destreza con el hemicuerpo derecho, además de un mejor manejo de las emociones y del estrés, así como una evolución positiva en su producción oral. La eficacia obtenida con la intervención durante los seis meses se debe a dos factores principales ya señalados por otros autores [16]: por un lado, a la aplicación de un programa de rehabilitación flexible y adaptado al paciente y, por otro, a la robusta red de apoyo socio-familiar con la que éste contaba.

Este caso es un ejemplo de cómo la rehabilitación neuropsicológica es esencial tras un episodio de daño cerebral adquirido para mejorar las funciones cognitivas afectadas. A pesar de las secuelas, la intervención ha favorecido la adaptación funcional del paciente a su entorno justificando la conveniencia de este tipo de intervenciones en la atención sanitaria. El diseño del programa ha resultado de gran ayuda como herramienta para orientarse durante todo el proceso de rehabilitación. Durante la aplicación del mismo se ha comprobado que es fundamental verificar los objetivos establecidos para modificarlos en base a los logros alcanzados y las necesidades surgidas durante el tratamiento. Cada paciente evoluciona a un ritmo diferente y requiere un tratamiento distinto. Schagen et al. [18], recalcan la importancia de compaginar el tratamiento neuropsicológico con el farmacológico. Sería importante incluir en los programas de rehabilitación de los tumores cerebrales el conocimiento y control de los fármacos suministrados al paciente con el fin de tener en cuenta los desajustes en su cognición y conducta y así adaptarse de la forma más óptima a sus condiciones.

Además, es necesario señalar que, para una rehabilitación funcional completa, trabajar los aspectos emocionales y comportamentales es fundamental dentro de un marco multidisciplinar. Para esto último, es de gran ayuda tener acceso a elementos de la vida del paciente con el fin de entender los mecanismos afectivo-comportamentales, crear un mejor vínculo terapéutico y fomentar así un tratamiento más completo y adaptado. Teniendo en cuenta la personalidad de P. resultó difícil tratar los aspectos emocionales de manera directa y esto complicó ciertas tareas. Tal vez sería interesante que en este tipo de lesiones se le diese más importancia de la que se le da al ámbito emocional y comportamental. Incluso se podría investigar más sobre la personalidad y la inteligencia premórbidas de estos pacientes con el uso de instrumentos psicométricos por un lado y por otro, la historia clínica y bibliográfica facilitada por la familia y amigos.

Asimismo, es importante tener en cuenta a la familia dentro del proceso de recuperación: no sólo por el vínculo afectivo mencionado anteriormente, sino también porque, una vez se termine el programa de rehabilitación, son ellos los que acompañarán al paciente y formarán parte de su red de apoyo para seguir luchando en su recuperación. Por tanto, un elemento que habría que potenciar en la rehabilitación es preparar a los familiares para el futuro "día a día" con el paciente e integrarlos más aún en el proceso de rehabilitación.

Para terminar, y basándose en algunos autores [18], este estudio comparte la idea de la relevancia de incorporar un programa de prevención de daño cerebral dentro de la población normal donde se realicen evaluaciones cognitivas en etapas de la vida consideradas "de riesgo". La población mundial cada vez es más longeva lo cual multiplica las probabilidades de sufrir deterioro y déficit cognitivos. Por esa razón, la prevención supone una herramienta para detectar, tratar y evitar, en la medida de lo posible, las enfermedades asociadas al envejecimiento y al estilo de vida de la actualidad.

Agradecimientos

A la capacidad infinita de amar de las personas que nos rodean y a sus ilimitadas conexiones neuronales, gracias. A todos los que participan en el mundo de la investigación, a los que contribuyen a mejorar la calidad de vida de las personas, a los apasionados del cerebro humano. En resumen, a todos los que han hecho posible esta publicación, gracias. Y, especialmente, a P. por compartir su caso y ser tan valiente, muchas gracias.

7. Referencias

1. Olvera-Manzanilla E, Ruiz-González DS, Platas-De la Mora A, Ochoa-Carrillo FJ, Alvarado-Aguilar S. Aspectos neuropsicológicos de los pacientes con tumores cerebrales. Gamo 2011; (10) 3.

2. Taphoorn M, Klein HM. Cognitive deficit in adult patients with brain tumors. Lancet Neurol 2004; (3): 159-168.

3. Sack-Zimmerman A, Duggal D, Liberta T. Cognitive remediation therapy for brain tumors survivors with cognitive déficits. Cureus 2015; 7(10).

4. Ardila A, Ostrosky-Solis F. Diagnóstico del daño cerebral. Enfoque neuropsicológico. Etiología del daño cerebral. México: Moltealban; 1991. p. 57-102.

5. Coca A, Gómez JR, Llorente JL, Rodrigo JP, Núñez F, Sevilla MA et al. Complicaciones y secuelas en la cirugía de los neurinomas del acústico. Acta Otorrinolaringología Esp 2007; 58(10): 470-475.

6. Stott C, Albertz N, Aedo C. Neurinoma del Acústico (Schwanoma vestibular): Revisión y actualización de la literatura. Revista de otorrinolaringología y cirugía de cabeza y cuello 2008; 68: 301-308.

7. León-Carrión J. Rehabilitación neuropsicológica del daño cerebral. Mente y cerebro 2010; 45.

8. Castaño J. Plasticidad neuronal y bases científicas de la neurohabilitación. Revista Neurológica 2002; 34 (1): 130-135.

9. Kolb B, Whishaw IQ. Neuropsicología humana. Madrid: Editorial Médica Panamericana 5ª Edición 2014. p. 702-706.

10. Portellano JA. Introducción a la neuropsicología. Madrid: McGraw-Hill 2005.

11. Muñoz E, Blázquez JL, Galparoso N, González B, Lubrini G, Periáñez JA, et al. Estimulación cognitiva y rehabilitación neuropsicológica (1a ed.). Barcelona: Editorial UOC 2009.

12. Sholberg M, Mateer C. Remediation of executive functions impairments. Introductions to cognitive rehabilitation (pp. 232-63). New York: Guilford Press 1989.

13. Levin HS. Neuroplasticity following non-penetrating traumatic brain injury. Brain Injury 2003; 17: 665-74.

14. Mohanty M, Grupta SK. Home based neuropsychological rehabilitation in severe traumatic brain injury: a case report. Annals of Neurosciences 2013; 20 (1).

15. León-Carrión J. Redes neuronales artificiales y la teoría neuropsicológica de Luria. Revista Española de Neuropsicología 2002; 4 (2-3): 168-178.

16. Mateer CA. Introducción a la rehabilitación cognitiva. Avances en Psicología Clínica Lationamericana 2003; 21: 11-20.

17. Juárez Barrera JB, Machinskaya RI. Rehabilitación Neuropsicológica de un caso de lesión fronto-temporal derecha como resultado de un traumatismo craneoencefálico. Revista Neuropsicología Latinoamericana 2013; 5 (1): 28-36.

18. Schagen SB, Klein M, Reijneveld JC, Brain E, Deprez S, Joly F, et al. Monitoring and optimising cognitive function in cáncer patients: Present knowledge and future directions. EJCancer suppl. 2014; 12(1): 29-40.

19. Sanz Cortés A, Olivares Crespo M. E. Rehabilitación Neuropsicológica en pacientes con tumores cerebrales. Psicooncología 2013; (10) 2-3.

20. Luria A. Atención y memoria. Barcelona: Martínez Roca 1986.

21. Rebollo MA, Montiel S. Atención y Funciones Ejecutivas. Revista Neurológica 2006; Supl. 2, S3-S7.

22. Pérez Rivero PF, Martínez Garrido LM. Perfiles cognitivos en el Trastorno Autista de Alto Funcionamiento y el Síndrome de Asperger. Revista CES Psicología 2014, 7 (1): 141-155.

23. Yogev-Seligmann G, Hausdorff JM, Giladi N. The role of executive function and attention in gait. Movement Disorders. Official Journal of the International Parkinson and movement disorder Society 2008; 23 (3): 329-342.

24. Rojas Román SI, Lorenzana Galicia RD, Luviano L, Yánez G, Ruiz García E, Hernández Gutiérrez L. Evaluación Neuropsicológica pre y posquirúrgica de pacientes con tumor cerebral frontal. Archivo Neurocientífico (México) 2007; Vol. 12, nº 1: 14-24.

25. Roberts AC, Robbins TW, Weiskrantz LE. The prefrontal cortex: Executive and cognitive functions. New York: Oxford University Press 1998.

26. García-Villamisar D, Muñoz P. Funciones ejecutivas y y rendimiento escolar en educación primaria. Un estudio exploratorio. Revista Complutense de educación 2000; 11 (1): 39-56.

27. Romine CB, Reynolds CR. Sequential memory: a developmental per- spective on its relation to frontal lobe functioning. Neuropsychological Revue 2004; 14 (1).

28. Portellano JA. Cómo desarrollar la inteligencia: Entrenamiento Neuropsicológico de las Funciones Ejecutivas y la Atención. Madrid: Somos Psicología 2005.

29. Muñoz-Céspedes JM, Tirapu-Ustarroz J. Rehabilitación neuropsicológica. Madrid: Síntesis 2001.

30. Abe T, Izumiyama H, Imaizumi Y, Kobayashi S, Shimazu M, Sasaki K, et al. Staged resection of large vestibular Schwannomas in Young adults. Case Report. Skull Base: An interdisciplinary approach 2001; 11(3): 199-206.

31. Peña-Casanova J. Test barcelona. 1990.Ediciones Masson, Barcelona.

32. Wilson BA, Alderman N, Burgess PW, Emslie H, Evans JJ. Behavioural Assessment of the Dysexecutive Syndrome (BADS). 1996. Bury, St. Edmunds, England: Thames Valley Test Company.

33. Schretlen D, Bobholz JH, Brandt J. Development and psychometric properties of the Brief Test of Attention. The Clinical Neuropsychologist 1996; 10(1): 80-89.

34. Reitan RM , Wolfson RE. La Batería de Prueba Neuropsicológica de Halstead-Reitan: Teoría e interpretación clínica. 1993,2ª ed. Tucson, AZ Prensa Neuropsicológica.

35. Mesulam, M. M. (1985). Principles of behavioral neurology. Philadelphia: F. A. Davis Company.

36. Wechsler D. WMS-III Escala de memoria de Wechsler-III. 2004. TEA ediciones. Madrid.

37. Wechsler D. Wais-iv: escala de inteligencia de Wechsler para adultos-IV. 2012. PsychCorp.

38. Stuss DT, Gow CA, Hetherington CR. «No longer Gage»: frontal lobe dysfunction and emotional changes. Journal of Consulting and Clinical Psychoogy 1992; 60(3): 349-359.

39. Blázquez JL, Ríos M, Paul N, González B, Muñoz-Céspedes JM. Tratamiento neuropsicológico de problemas de control de impulsos en un caso de traumatismo craneoencefálico frontal: Estudio de un caso. Acción Psicológica 2004; 3 (3): 225-244.

40. Wood RL. Behaviour disorders following severe brain injury: their presentation and psychological management. En N. Brooks (Ed.), Closed head injury: psychological, social and familiy consequences. Oxford: University Press 1984.

41. Prigatano G, Wong JL. Cognitive and effective improvement in brain disfunctional patients who achieve inpatient rehabilitation goals. Archives of Physical Medicine and Rehabilitation 1999; 80: 77-84.

42. Carvajal-Castrillón J, Henao AE, Uribe PC, Giraldo CM, Lopera RF. Rehabilitación cognitiva en un caso de alteraciones neuropsicológicas y funcionales por Traumatismo Craneoencefálico severo. Revista Chilena de Neuropsicología 2009; 4 (1): 52-63.

43. Tirapu Ustárroz J. La evaluación neuropsicológica. Intervención Psicosocial 2007; 16 (2).

Seguimiento neuropsicológico en un caso de demencia alcohólica

11

Jose Antonio Piqueras
Agustín Ernesto Martínez-González

1. Introducción

Estudios ha señalado que el abuso de alcohol prolongado produce cambios morfológicos y funcionales en el sistema nervioso y disfunciones neuropsicológicas en el 75% de los afectados, tales como déficits mnésicos, en el lenguaje, funciones ejecutivas y en la orientación [1]. Por otro lado, existe una literatura científica extensa sobre los modelos de daño cerebral inducido por alcoholismo. Por una parte, la hipótesis de que el hemisferio derecho está más afectado en las personas alcohólicas, habiendo dificultades en la integración visoespacial, el cociente de inteligencia manipulativo y la mano izquierda [2,3]. Por otra parte, la hipótesis del continuo que postula un grado de afectación cortico-subcortical en función del nivel de alcoholismo.

Los científicos se han planteado en numerosas ocasiones si se produce una recuperación tras el abandono del consumo de alcohol. Los resultados de los estudios son dispares. Algunas investigaciones sugieren que a nivel neuroanatómico y funcional hay remisión parcial de la atrofia cerebral en seguimientos largos y recuperación del metabolismo cerebral del lóbulo frontal. Otros estudios encuentran una recuperación gradual del funcionamiento cognitivo, aunque esta puede ser de total [4] a parcial, en funciones específicas como a nivel verbal y visoespacial [5]. Mientras que otros autores hallan una persistencia de los déficits en las tareas de aprendizaje visoespacial, memoria a largo plazo, etc. [6].

2. Objetivo

El presente capitulo tiene el objetivo de presentar datos del seguimiento neuropsicológico al año de un paciente de 38 años, con diagnóstico de hepatopatía crónica y encefalopatía de origen enólico y que sufrió una rápida progresión hacia una demencia a partir de un TCE leve.

3. Método

3.1. Descripción del contexto y del caso

JC es un varón de 38 años de edad con estudios elementales no finalizados. El estado civil de JC es soltero y vive en casa de los padres. Su profesión es camionero que lo combina con el trabajo en una explotación agrícola de la familia. JC tiene concedida la incapacidad absoluta. Paciente fumador de 10-20 cigarrillos al día. JC tiene un hábito enólico relevante en tratamiento deshabituador en Centro de Salud Mental desde hace años. Cuando tenía 18 años tuvo un Traumatismo Craneo-encefálico (TCE en adelante) severo con hematomas frontales y esplenoctomía. A la edad de 37 años tuvo un TCE leve tras caída desde una altura de unos 4 metros con fractura de miembro superior derecho (véase Imagen 1). Acude a urgencias y se le atiende la lesión del brazo. Tres meses más tarde es remitido a urgencias por cuadro de inicio insidioso y curso progresivo de cuatro semanas de evolución de inestabilidad en la marcha, dificultad para articular el lenguaje (de forma intermitente) y bradipsiquia.

El informe de alta de Medicina Interna del Hospital de referencia diagnostica a JC de hepatopatía crónica de origen enólico, encefalopatía de origen enólico y adicción a tóxicos por vía inhalada. Síndrome cerebeloso pendiente de completar estudio. Siete meses después se practica estudio de "proteínas en sangre" y de líquido cefalorraquídeo con resultado de normalidad. A nivel farmacológico JC está tomando Becozyme C forte, Acfol, Distraneurine y Colme.

Imagen 1. *Retracción cortical en el TAC cerebral*

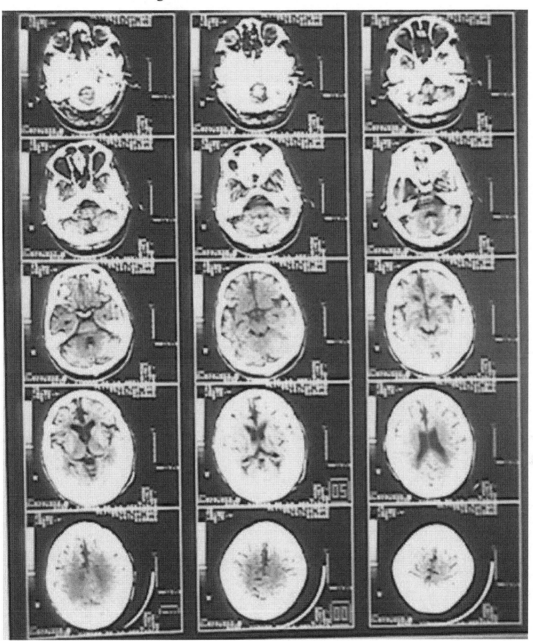

3.2. Materiales o Instrumentos

Escala de Inteligencia de Wechsler para Adultos (WAIS)

El WAIS es un test que evaluar la inteligencia global, entendida como concepto de CI, de individuos entre 16 y 64 años. Test es de aplicación individual y consta de 2 escalas: verbal y manipulativa. La escala verbal incluye diferentes sub-test como: información, comprensión general, aritmética, semejanzas, dígitos y vocabulario. La escala manipulativa incluye los sub-test de: figuras incompletas, cubos, historietas, rompecabezas y dígitos [7].

Test de Aprendizaje Verbal de Rey

El Test de Aprendizaje Auditivo Verbal de Rey o el Rey Auditory-Verbal Learning Test (RAVLT en adelante) es un instrumento para evaluar la memoria a corto plazo y largo plazo, el aprendizaje verbal, la interferencia proactiva y retroactiva, reconocimiento y memoria diferida, también se puede obtener una curva de aprendizaje [8]. RAVLT el cual consta de 2 listas de 15 palabras (Lista A y lista B) y una de 45 palabras (Lista de reconocimiento) la cual consta de las palabras de las otras dos listas y 15 diferentes.

Phonemic Fluency Task (FAS en adelante)

EL FAS incluye una Tarea de Fluidez Verbal Semántica (FVS en adelante) y Tarea de Fluidez Verbal Fonológica (FVF en adelante) [9]. La tarea de FVS consiste en decir el mayor número posible de "animales", "vegetales" y "utensilios de cocina" durante un minuto. La tarea de FVF consiste en decir el mayor número posible de palabras durante un minuto que comenzasen por una letra determinada. Las letras empleadas fueron F, A y S. En ambas tareas y durante las instrucciones se advertía al participante que los nombres propios, las siglas, marcas comerciales y las palabras derivadas o diferentes formas de un mismo verbo, no se considerarían como respuestas válidas.

Mini-examen-cognoscitivo

El Mini-Examen-Cognoscitivo (MEC) [10] o Mini-Mental-State-Examination (MMSE) [11] es un instrumento de *screening* para la detección del deterioro cognitivo que explora de forma rápida y estandarizada un conjunto de funciones cognitivas (orientación temporo espacial, memoria inmediata y a largo plazo, atención, cálculo, lenguaje, razonamiento abstracto y praxias). El punto de corte óptimo en esta prueba para establecer la presencia de deterioro cognitivo cuando se trabaja con población mayor de 65 años y de bajo nivel educativo es de 24 puntos (sobre un máximo de 35 puntos) y cuando el nivel educativo es medio-alto de 27 puntos.

*Trail Making Test forma A y B (*TMT en adelante)

La prueba TMT consta de dos partes: la forma A que mide la velocidad viso-motora y de procesamiento de la información y la forma B que evalúa flexibilidad cognitiva y cambio atencional [12].

Figura Compleja de Rey-Osterrieth

La Rey-Osterrieth Complex Figure Test (ROCF) en adelante consiste en copiar primero y reproducir después un dibujo [13]. La parte de copia proporciona información sobre la psicomotricidad, la capacidad visoespacial, las agnosias, mientras que la parte de recuerdo está relacionada con la detección de problemas de memoria visual o memoria no verbal a largo plazo.

Test de Poppelreuter.

Instrumento para medir las gnosias visuales complejas [14].

Escala de Memoria de Wechsler (WMS)

Instrumento que mide la memoria lógica a corto plazo y largo plazo [15]

Test del reloj (TDR)

Es una prueba que mide la habilidad visuoconstructiva [16].

Praxias

Las praxias son unas habilidades motoras adquiridas, consistentes en movimientos organizados que realizamos para llevar a cabo un plan o alcanzar un objetivo. Existen diferentes tipos de praxias: 1) ideomotoras (capacidad de realizar un movimiento o gesto simple de manera intencionada); 2) ideatorias (capacidad para manipular objetos mediante una secuencia de gestos, lo que implica el conocimiento de la función del objeto, el conocimiento de la acción y el conocimiento del orden serial de los actos que llevan a esa acción); 3) faciales (capacidad de realizar de manera voluntaria movimientos o gestos con diversas partes de la cara : labios, ojos, lengua, cejas, carrillos, etc.); y 4) visoconstructivas (capacidad de planificar y realizar los movimientos necesarios para organizar una serie de elementos en el espacio para formar un dibujo o figura final).

Reproducción de ritmos, Inhibición recíproca de ritmos, Alternancia motora
Estas son unas habilidades motoras consistentes en movimientos organizados relacionados con la inhibición de la respuesta y coordinación motora, asociada al área del cerebelo.

4. Resultados de la evaluación

*go over all tests?
No matter what?*

Valoración neuropsicológica

En la valoración inicial los resultados indican un deterioro cognitivo que parece asociado a múltiples variables explicativas (Diferentes TCEs a lo largo de la vida del paciente, hepatopatía crónica, alcoholismo, etc.), compatible con una demencia alcohólica. Los resultados de la valora inicial sugieren una alteración de la memoria, concretamente en la capacidad de aprendizaje y la memoria a largo plazo (véase la Tabla 1). Igualmente, se hallan alteraciones en las praxias constructivas, de ideación motora secuencial y en la marcha (ataxia de la marcha) y trastorno de movimientos anormales involuntarios (discinesias) tipo temblor de acción-postural.

Tras un año de intervención neuropsicológica los resultados señalan una mejora en el estado cognitivo, aprendizaje, memoria verbal, memoria lógica verbal, memoria a largo plazo no verbal y algunas praxias. Sin embargo, los resultados del postest no alcanzan el punto de corte establecido.

got slightly better.

Tabla 1. *Resultados del pretest postest de la valoración neuropsicológica*

Pruebas de evaluación	Puntos de corte	Pretest	Postest (al año)
Mini-examen del estado mental (test mini-mental)	24-30 / 30	23 / 30	27 / 30
Test del reloj (TDR) (criterios de Cacho y García, 1998)	6 / 10	9,5 / 10 (4 intentos)	4 / 10
Memoria verbal de fijación y retención (RAVLT)	C. Plazo: 7,10,11,12, 13 Largo plazo: 7	5, 4, 7, 5, 6 4	6, 8, 8, 8, 10 7
Memoria remota	13 / 13	9 / 13	8 / 13
Memoria inmediata (dígitos)	7	9	8
Memoria lógica a corto plazo	10 / 23	10 / 23	12 / 23
Memoria lógica a largo plazo	10 / 23	4 / 23	8 / 23
Test de reproducción visual de la Wechsler Memory Scale	9 / 15	Muy Alterada	Muy Alterada
Test de la figura de rey. Forma A	25-27 / 36	14 / 36	16 / 36
Praxias ideomotrices de imitación	4 / 5	3 / 5	4 / 5
Praxias ideomotrices simbólicas	4 / 5	5 / 5	5 / 5
Praxias ideatorias	-	5 / 5	5 / 5
Praxias del vestir	-	2 / 2	2 / 2

Nota: En color gris aparecen los resultados que indican una mejora del rendimiento neuropsicológico

Como puede apreciarse en la Tabla 2, el paciente presenta dificultad para planear, iniciar, corregir y terminar la realizar una actividad compleja, así como también en las dificultades en el razonamiento abstracto y categorial, atención, secuenciación y fluidez verbal.

Tabla 2. *Resultados del pretest postest de la valoración neuropsicológica*

Pruebas de evaluación	Puntos de corte	Pretest	Postest (al año)
Gnosias visuales complejas (poppelreuter)	8 / 10	10 / 10	10 / 10
Reproducción de ritmos	9 / 12 limítrofe	7 / 12	7 / 12
Inhibición recíproca de ritmos	15 / 20	13 / 20	14 / 20
Alternancia motora	-	Alterada	Levemente alterado
Coordinación motora	-	Alterada	Alterada. (proces. Lento)
Alternancias gráficas	-	Alterado	Alterado
Trail making test (A)	40"	195"	135"
Trail making test (B)	90"	No completa.	No completa.
Fluencia verbal simple con consigna semántica	12-15 animales	25 (9 animales)	25 (8 animales)
Fluencia verbal con consigna fonética	25	12	16
Examen abreviado de las afasias	-	50 / 50	50 / 50

Nota: En color gris aparecen los resultados que indican una mejora del rendimiento neuropsicológico

Tras un año de intervención neuropsicológica los resultados señalan una mejora en la fluencia verbal a nivel fonológico. Sin embargo, el paciente continúa presentando problemas serios en el resto de las funciones ejecutivas.

En líneas generales se hallaron leves mejorías en las tareas viso-perceptivas y en la MLP pero sin llegar a la normalidad. También se observó una mejoría en el Mini-Mental y en pruebas de lenguaje; una mayor estabilidad emocional y conductual. Se mantiene el rendimiento deficiente asociado a coordinación motora gruesa y fina, así como funciones ejecutivas: alteradas la reproducción de ritmos, las alternancias motoras y graficas, coordinación motora y velocidad motriz. Del mismo modo, continúan los movimientos anormales involuntarios (discinesias) tipo temblor de acción-postural.

Inteligencia

El paciente presenta un cociente de inteligencia (en adelante CI) equivalente a discapacidad intelectual leve, esta disminución de CI Total se debe a las diferencias estadísticamente significativas entre CI verbal y manipulativo, siendo este último muy inferior (véase la Tabla 3).

Tabla 3. *Resultados del CI en el pretest y postest*

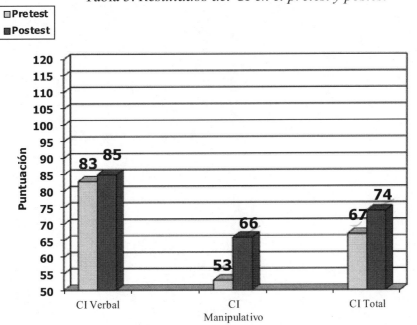

Los resultados del postest indican una mejora clínicamente en el CI manipulativo y total, tras la intervención neuropsicológica, mientras que se mantuvo el CI verbal. Los resultados de la valoración inicial en cada una de las sub-escalas del WAIS señalan que el paciente tiene buena habilidad en información, semejanzas (razonamiento abstracto) y dígitos (span atencional). Sin embargo, el resto de habilidades están deficitarias (véase Tabla 4).

Los resultados del postest sugieren una mejora en clínica en la comprensión, vocabulario, claves, cubos, historietas y rompecabezas. Sin embargo, las habilidades que alcanzan el punto de corte son compresión social y vocabulario. Los resultados sobre la mejoría en historietas y comprensión indican que el paciente tiene una mejor comprensión social.

Tabla 4. *Resultados de las sub-escalas del WAIS en el pretest y postest*

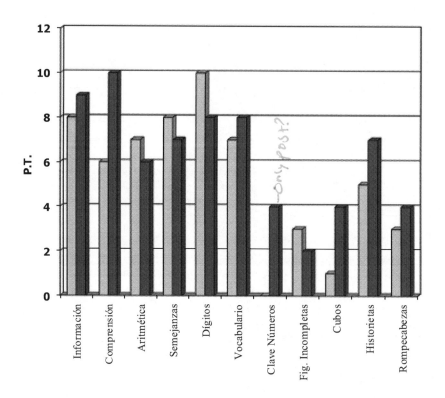

5. Descripción del tratamiento

El tratamiento neuropsicológico se realizó durante un año con una incidencia semanal de dos sesiones de 45 minutos a la semana. El programa de rehabilitación cognitiva incluía tareas de lápiz y papel sobre estimulación cognitiva de dos manuales específicos: Uno del Ayuntamiento de Madrid (Programa de Memoria, Diálogos para la Memoria) y el otro de la Fundación ACE (Cuadernos de repaso y ejercicios prácticos para la estimulación cognitiva de Tárraga y Boada), además de un programa de estimulación cognitiva *Cognitrain*® para PC y la agenda semi-abierta. Entrenamiento cognitivo incluía técnicas mnemotécnicas (asociación y visualización) además de técnicas de relajación muscular progresiva de Jacobson, atención selectiva, dividida y alternante. Además, se realizaban tres sesiones de fisioterapia y una de logopedia a la semana de 45 minutos cada una.

6. Discusión

Los resultados de la valora inicial sugieren una alteración de la capacidad de aprendizaje y la memoria a largo plazo que se corresponde generalmente al hipocampo y giro hipocampal, así como también de la memoria remota y la orientación temporal. Por otro lado, las alteraciones en las praxias constructivas y de ideación motora secuencial se relacionan con las conexiones fronto-parietales. JC presenta un trastorno de la función ejecutiva, que se manifiestan en la dificultad para planear, iniciar, corregir y terminar la realizar una actividad compleja, así como también en las dificultades en el razonamiento abstracto y categorial, atención, secuenciación y fluidez verbal, funciones que se corresponden con afectación frontal (áreas frontales y prefrontales) y del circuito fronto-subcortical dorsolateral.

Los resultados hallados en este estudio de caso son parcialmente consistentes con los que informan de que tras la abstinencia prolongada se produce una recuperación de algunas áreas de funcionamiento cognitivo [5] y, por el contrario, se mantienen persistentemente déficits en tareas de aprendizaje visoespacial, memoria a largo plazo, etc. [6].

7. Referencias

1. Chirivella J, Espert R, Gadea M. Déficits neuropsicológicos asociados al consumo de alcohol. Una aproximación multidisciplinar. Psicología conductual 1996; 3: 377-392.

2. Le Berre AP, Fama R, Sullivan EV. Executive Functions, Memory, and Social Cognitive Deficits and Recovery in Chronic Alcoholism: A Critical Review to Inform Future Research. Alcoholism: Clinical and Experimental Research 2017; 41, 8: 1432–1443.

3. Iruarrizaga I, Miguel Tobal JJ, Cano A. Alteraciones neuropsicológicas en el alcoholismo crónico. Un apoyo empírico a la hipótesis del continuo. Psicothema 2001; 13(4).

4. Rourke S B, Grant I. The interactive effects of age and length of abstinence on the recovery of neuropsychological functioning in chronic male alcoholics: a 2-year follow-up study. Journal of the International Neuropsychological Society 1999; 5(3): 234-246.

5. Knight RG, Longmore BE. Cognitive impairment in alcoholics. Clinical neuropsychology of alcoholism 1994; 225-265.

6. Chandler LS, Richardson GA, Gallagher JD, Day NL. Prenatal exposure to alcohol and marijuana: effects on motor development of preschool children. Alcoholism: Clinical and Experimental Research 1996; 20(3): 455-461.

7. Yela M, Cordero A. Adaptación española de la escala de inteligencia de Wechsler para adultos. Editorial TEA. 1996. Madrid.

8. Schmidt M. Rey auditory verbal learning test: A handbook. 1996. Los Angeles, CA: Western Psychological Services.

9. Henley NM. A psychological study ofthe semantics of animal terms. J Verbal Learning Verbal Behav 1969; 8: 176-184.

10. Lobo A, Ezquerra J, Gómez F, Sala J, Seva A. El mini-examen cognoscitivo. Un test sencillo y práctico para detectar alteraciones intelectuales en pacientes médicos. Actas Luso Españolas de Neurología y Psiquiatría 1979; 7: 189-201.

11. Folstein MF, Folstein SE, McHugh PR. Mini-Mental-State. A practicalmethod for grading the cognitive state of patients for the clinician. Journal of Psychiatric Research 1975; 12: 189-198.

12. Reitan RM. Validity of the Trail Making Test as an indicator of organic brain damage. Perceptual and motor skills 1958; 8(3): 271-276.

13. Rey A. Psychological examination of traumatic encephalopathy. Arch Psychol 1941; 28: 286-340.

14. Poppelreuter W. Zur Psychologie undPathologie der optischen Wahrnehmung.Zeitschrift für die Gesamte Neurologie und Psychiatrie1923;83:26-152.

15. Wechsler D. Escala de Memoria de Wechsler para Adultos (WMS). 1978. España: TEA Ediciones.

16. Cacho J, García-García R, Arcaya J, Vicente J L, Lantada N. Una propuesta de aplicación y puntuación del test del reloj en la enfermedad de Alzheimer. Rev Neurol, 1999; 28(7): 648-655.

Evaluación neuropsicológica y pautas de intervención en un paciente con cáncer de mama

12

Sandra Rodríguez Chinea

1. Introducción

Según datos de la Sociedad Española de Oncología Médica (SEOM) del 2015, el cáncer de mama es el tipo de cáncer más frecuente en las mujeres de España, suponiendo un 29% entre todos los cánceres. Se estima que el riesgo que tiene una mujer de padecer cáncer de mama a lo largo de la vidaes de, aproximadamente, 1 de cada 8 mujeres. Además, un 1% de los cánceres de mama que se detectan, es hombre, cifra que va cada vez más en aumento [1].

Los tratamientos médicos más comunes para esta enfermedad son: la cirugía, la quimioterapia, radioterapia y hormonoterapia [2], los cuales cada vez son más individualizados en función de la persona, del tipo de cáncer, de la zona afectada y del estadio en que haya sido diagnosticado.

Esta enfermedad no sólo produce efectos a nivel físico, sino también pueden producirse daños bio-psico-sociales colaterales a la enfermedad y sus tratamientos. Por ello, los profesionales que trabajan en esta área deben tener presente los efectos secundarios con el fin de controlarlos para mejorar la calidad de vida del paciente [2].

Debido a la importancia e incidencia que tiene esta enfermedad, a lo insuficientes que son los trabajos de investigación al respecto y a lo desapercibidas que están pasando las quejas de los pacientes en esta área, en el presente trabajo, se abordarán los déficits cognitivos que presenta un caso clínico tras pasar por un tratamiento oncológico de este tipo y se indicarán algunas pautas de intervención.

Algunos estudios han descubierto una relación entre la quimioterapia como tratamiento tras un cáncer y déficits cognitivos, llevando a acuñar términos como "chemobrain", ya que se presumen alteraciones cognitivas en la vida diaria como efectos de la quimioterapia. Igualmente, se ha demostrado que las terapias hormonales pueden ejercer un efecto adverso sobre las funciones cognitivas [2-4]. Estas dificultades experimentadas por los pacientes tras la finalización del tratamiento oncológico, pueden afectar a la hora de la reincorporación laboral, así como en aspectos emocionales y de autoestima. Es por ello, que tiene una gran importancia el estudio de estos déficits y la intervención posterior [5, 6]. Los aspectos cognitivos que se han visto afectados en estos estudios son: velocidad de procesamiento, funciones ejecutivas, memoria de trabajo y memoria episódica [3]. También, se han visto déficits en la atención/concentración y en la memoria verbal [1, 2, 5, 7].

Algunos estudios hablan de diferencias cuantitativas en los déficits en función del tipo de quimioterapia (según la dosis y la duración de la misma) [8]. Además, se ha encontrado que la combinación de tratamientos, por ejemplo, quimioterapia más tamoxifeno, pueden provocar alteraciones cognitivas más severas. En el caso de la monoterapia, el tratamiento quimioterapéutico produce más deterioro que el hormonal [2].

Así mismo, con técnicas de neuroimagen se han detectado, al mes de finalizar el tratamiento con quimioterapia, alteraciones en la densidad de la materia gris en la zona frontal bilateral y en regiones temporales, así como en la sustancia blanca del cuerpo calloso incluso 5-10 años después de haber finalizado el tratamiento [2, 3,9]. Así, se han encontrado daños en la actividad del córtex frontal, el cerebelo y los ganglios basales [2]. Son varias las vías por las que se podrían explicar estos efectos adversos: por vía directa mediante efecto neurotóxico (por cierta permeabilidad de la barrera hematoencefálica a los agentes químicos producidos), o indirecta modificando otras respuestas biológicas (modulando la respuesta inmune y provocando cambios hormonales) [2].

Otros estudios recalcan el estrés que sufre una persona en el momento de recibir el diagnóstico por el miedo a la muerte, el comienzo del tratamiento y sus efectos secundarios, etc. Las desregulaciones que se producen en el organismo en estos momentos, con el aumento de los niveles de cortisol diurnos y la disminución de la reactividad, están relacionadas con la mala calidad del sueño y la perturbación de los ritmos circadianos, la fatiga y los síntomas depresivos. Todos ellos son factores que pueden exacerbar las dificultades cognitivas que presentan los pacientes de cáncer de mama [10]. Sin embargo, existen otros estudios que reflejan puntuaciones normales en las capacidades cognitivas de las supervivientes de cáncer, resaltando la importancia de realizar pruebas individuales en lugar de en grupo, con la finalidad de diseñar la intervención acorde a los resultados obtenidos para cada persona [7].

Aunque algunos estudios ponen de manifiesto que los déficits cognitivos inducidos por la quimioterapia podrían ser bastante sutiles, cabe resaltar que un pequeño deterioro puede provocar grandes alteraciones en el desarrollo de las actividades de la vida diaria, pudiendo comprometer la capacidad adaptativa de la persona [2, 10, 11].Por ello, resulta indispensable incluir a la neuropsicología dentro de las disciplinas que atienden a los pacientes con cáncer, con el objetivo de detectar tempranamente las secuelas neuropsicológicas de los tratamientos y poder plantear programas de estimulación de las funciones afectadas y el mantenimiento de las conservadas[8, 9].

Las investigaciones e intervenciones estudiadas con supervivientes de cáncer de mama, se han realizado entre los 8 y 12 meses después de la finalización del tratamiento. Sin embargo, los resultados sugieren que las intervenciones beneficiosas se deberían llevar a cabo de manera preventiva, a la mitad del tratamiento, ya que es cuando empiezan a notarse los déficits cognitivos [5].

Es importante destacar las diferencias individuales en cuanto a la vulnerabilidad previa de cada paciente, que pueden aumentar el riesgo de padecer la enfermedad y los déficits cognitivos. Tanto las variables psicosociales (nivel de estudios, apoyo social percibido…)

como aspectos del tratamiento (neurotoxicidad, estrés oxidativo…) hacen que se presente una manifestación única en cada paciente [2].

Además, de los déficits cognitivos, los supervivientes de cáncer de mama pueden presentar alteraciones comportamentales y emocionales, como depresión, abulia o apatía. Sin embargo, son pocos los estudios que se han centrado en el tema [1, 9].

Con respecto a esto, Freyberger introdujo el término de alexitimia secundaria, tras la observación de que los pacientes con cáncer presentan una limitación en la capacidad de introspección y reflexión, así como una mayor dificultad para diferenciar y verbalizar apropiadamente los sentimientos. Esto podría obedecer a un factor de protección contra el significado emocional de la enfermedad [13].

Todas las características de la alexitimia (dificultad para identificar y describir los sentimientos, para distinguir entre sentimientos y las sensaciones corporales y la limitación del proceso imaginativo y fantasía, así como un estilo cognitivo orientado hacia los detalles externos), son indicativos de déficit en la capacidad cognitiva para procesar y regular las emociones. La alexitimia que Freyberger relaciona con los pacientes oncológicos es un estado emocional defensivo al que se llega por las influencias ambientales, pudiendo ser modificado con terapia psicológica [13].

La importancia del presente trabajo radica en los escasos estudios neupsicológicos centrados en este tipo de cáncer y, por tanto, la ausencia de pautas de intervención. Así mismo, en este trabajo se pretende recopilar información también de los cambios emocionales y comportamentales que sufre la persona tras el tratamiento oncológico, por la escasa información mencionada anteriormente.

Por lo tanto, la hipótesis del presente trabajo, se centra en que la paciente presentará un ligero déficit cognitivo en funciones cognitivas como: memoria, atención, velocidad de procesamiento y funciones ejecutivas y además, presentará alteraciones comportamentales y emocionales derivadas del tratamiento oncológico.

2. Objetivo

El objetivo del presente capítulo analiza las funciones cognitivas de un caso clínico tras haber pasado por un cáncer de mama y su tratamiento con quimioterapia, radioterapia y hormonoterapia. Asimismo, proponer pautas de intervención centradasen este tipo de cáncer para conseguir una mayor individualización también a la hora de la intervención neuropsicológica.

3. Método

3.1. Descripción del contexto y del caso

Mujer de57 años de edad que acude a la Asociación de Cáncer de Mama de Tenerife (ÁMATE) en el año 2014 demandando el servicio de Fisioterapia y Psicología para afrontar las consecuencias negativas del tratamiento oncológico por el que ha pasado.

En el año2011 fue diagnosticada de Cáncer de Mama, y meses después le realizaron la intervención quirúrgica. El tratamiento prescrito fue quimioterapia y radioterapia, la cual finalizó en el año 2014.

A nivel cognitivo manifiesta quejas de memoria, pocos reflejos, baja estabilidad emocional y baja autoestima. Refiere notar cambios bruscos tras haber pasado por el tratamiento oncológico, resaltando sobre todo, estas consecuencias en atención, concentración y memoria ("no puedo posponer las cosas porque después no me acuerdo de hacerlas"). Además, manifiesta dificultades para priorizar actividades.

A nivel físico, presenta grandes limitaciones por la linfadenectomía realizada y refiere como consecuencias, pesadez en el brazo y cansancio.

A nivel emocional refiere un bajo estado de ánimo desde el momento del diagnóstico ("estuve mucho tiempo en el que la cama me atrapaba"). Actualmente, lleva un año en terapia con la Psicóloga de la Asociación y también acude a la consulta del Psiquiatra.

La medicación que toma en la actualidad es: Lorazepam, Elontril, además de medicación para el Colesterol y la Diabetes tipo II.

Se trata de una paciente diestra, de lengua materna castellana y nivel de estudios de lectoescritura (estudió dos años, a los 11 y 12 años de edad). Su estado actual es pensionista, pero con anterioridad, profesionalmente, se dedicada a la limpieza de hogares. Se muestra motivada y muy colaboradora en las tareas. Está perfectamente orientada en el tiempo, en el espacio y en la persona.

3.2. Instrumentos

Con el fin de valorar el déficit cognitivo en velocidad de procesamiento, funciones ejecutivas, atención/concentración, memoria de trabajo, memoria episódica y en la memoria verbal, se han aplicado las siguientes pruebas:

Entrevista al paciente
Facilita la información de forma más objetiva y fluida. Además, permite obtener un clima de confianza y conocer la percepción que tiene el paciente acerca de su situación, sus limitaciones, la importancia que le concede, la orientación, las expectativas, etc. Asimismo, permite valorar su estado emocional [14].

Test RAVLT o Test de Aprendizaje Auditivo-Verbal de Rey
Este test tiene como objetivo evaluar la capacidad de aprendizaje y la memoria verbal. Con él, se puede observar la curva de aprendizaje, así como el efecto de primacía y recencia. También se evalúa el recuerdo diferido y el reconocimiento [15].

D2
Esta prueba ofrece una medida de la velocidad de procesamiento, atención selectiva y concentración mental mediante la búsqueda de estímulos relevantes ante tantos distractores. [16].

Trail Making Test

El TrailMaking Test evalúa la velocidad para la atención, la secuencialidad, la flexibilidad mental, así como la búsqueda visual y la función motora [17].

Test de Símbolos y Dígitos (DSMT)

Es una prueba que mide atención, concentración, rastreo visual y velocidad psicomotora [18].

Test Mapa del Zoo

Éste es uno de los subtests de la Evaluación conductual del síndrome disejecutivo (BADS), una batería de tests dirigida a predecir las dificultades que surgen en la vida diaria como consecuencia del síndrome disejecutivo [19].

Inventario de Depresión de Beck (BDI)

Éste es un cuestionario autoadministrado para medir la severidad de una depresión. Está compuesto por ítems relacionados con síntomas depresivos, como la desesperanza e irritabilidad, cogniciones como culpa o sentimientos como estar siendo castigado, así como síntomas físicos relacionados con la depresión [20].

Además, se le ha dado una especial importancia a la observación del comportamiento de la persona durante la entrevista y mientras desarrollaba las pruebas, con la finalidad de recabar más información y facilitar la interpretación de los resultados.

3.3. Procedimiento

La evaluación se ha realizado en la sede de la asociación en dos sesiones, en horario de tarde.

En la primera sesión se ha realizado la entrevista individual para conocer más extensamente el caso y revisar la historia clínica. El objetivo se centró en conocer la historia médica de la paciente, su percepción, limitaciones en la vida diaria y prioridades a la hora de rehabilitar.

En la segunda sesión, se pasó el conjunto de pruebas, con un descanso, a petición de la paciente.

Los resultados han sido interpretados según la baremación en población española de su edad.

El tratamiento se podría realizar, igualmente, en la sede de la Asociación y debería desarrollarse semanalmente.

4. Resultados de la evaluación

Tras la aplicación de las pruebas se han obtenido los resultados que se muestran a continuación, los cuales se encuentran organizados por funciones.

Memoria y Capacidad de Aprendizaje

En el test de RAVLT, la paciente obtuvo 3 respuestas correctas en la A1, 5 en la A2, 3 en la A3, 4 en la A4 y 1 en la A5. Podemos observar que se produce un aumento en el número de palabras recordadas en cada nuevo ensayo (salvo en el último ensayo en el que se observa un bloqueo emocional de la paciente, lo que pudo originar la no atención a las palabras escuchadas), siendo **5** el número máximo de palabras recordadas. Además, se puede observar el efecto de primacía y de recencia, ya que en dos ensayos recuerda las dos primeras palabras de la lista y en tres de ellos, las tres últimas palabras. También cabe resaltar que no comete ningún error de añadir palabras que no habían sido mencionadas.

A la hora del recuerdo diferido, la paciente recuerda 3 palabras de la lista A pero ninguna de la lista de interferencia.

En cuanto al reconocimiento, tiene bien 13 palabras de la lista A y dos errores. De la lista B de interferencia, no nombra ni reconoce ninguna, por lo que se observa que sí existe un procesamiento de la información y un aprendizaje. Sin embargo, la paciente tiene una gran dificultad en el recuerdo espontáneo.

Gráfica 1. *Rendimiento en el Memoria y Capacidad de Aprendizaje*

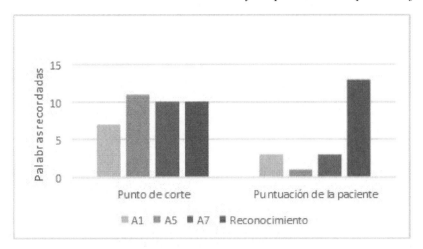

Atención, Concentración y Velocidad de Procesamiento

En el D2, la paciente obtuvo un total de 104 aciertos, 25 errores por omisión y 24 errores por comisión. El número total de elementos procesados (TR) fue igual a 315. En la variable TOT (de control atencional e inhibitorio) obtuvo una puntuación directa de 266. En concentración, obtuvo una puntuación de 80.

Gráfica 2. *Rendimiento en atención*

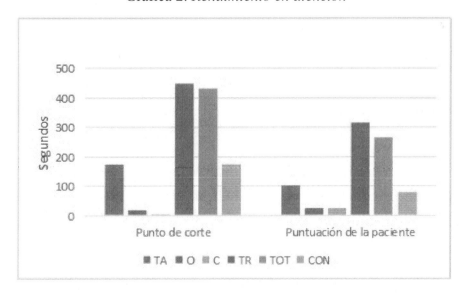

En el Trail Making Test Parte A, la paciente necesitó de 55 segundos para realizar la tarea, con cero errores. El paciente comenzó la parte B de la prueba, pero no pudo finalizarla por no dominar el abecedario (abandonó a los 104 segundos con dos errores). Con estos resultados, se observa un déficit en la velocidad de procesamiento.

Gráfica 3. *Rendimiento en velocidad de procesamiento de la información*

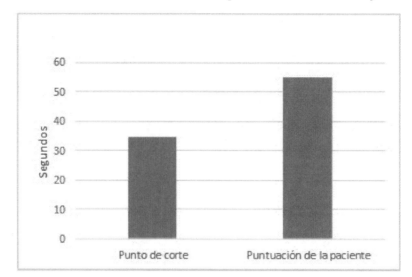

En el test DSMT, el número de elementos correctos es de 9 y el número de errores es de 10, por lo que podemos observar una gran alteración de la atención y memoria de trabajo.

Gráfica 4. *Rendimiento en memoria*

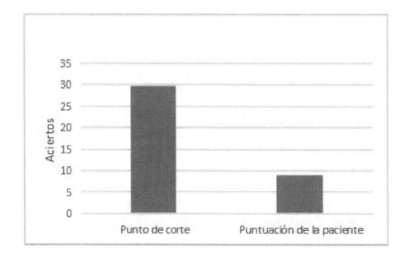

Funciones Ejecutivas

En el Test Mapa de Zoo, en la versión 1, la paciente necesitó: 50 segundos para comprender las normas y 205 segundos para ejecutar la tarea, teniendo un fallo en la misma, por lo que el tiempo total de ejecución fue de 255 segundos.

En la versión 2, la paciente necesitó 15 segundos para comprender las normas y 76 segundos para la ejecución, realizándola sin errores y obteniendo un resultado total de tiempo de ejecución de 91 segundos.

Gráfica 5. *Rendimiento en resolución de problemas*

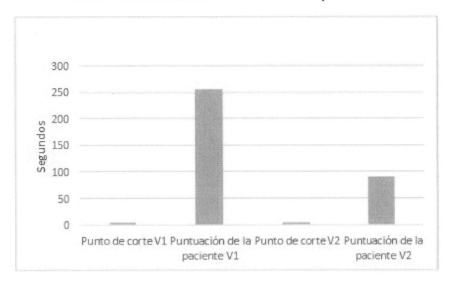

Comportamiento Emocional

Los resultados del BDI muestran una puntuación de 32(Grado Grave de Depresión).

5. Descripción del tratamiento

La rehabilitación cognitiva tendrá como objetivo reducir los déficits cognitivos producidos por los tratamientos de la enfermedad, con el fin de disminuir también los problemas emocionales que origina la conciencia de los déficits y favorecer la integración social y laboral de la paciente, mejorando su calidad de vida.

Las participantes de un estudio, han considerado como las más importantes, las intervenciones basadas en la auto-evaluación de las capacidades cognitivas, información y apoyo en los problemas cognitivos, actividades cognitivas y emocionales y consejos para las familias y los empresarios [21].

Por lo tanto, el objetivo en este caso sería trabajar los procesos atencionales con tareas de cancelación, tareas de alternancia, laberintos, pintar mandalas, etc. Del mismo modo, se podría estimular la atención a través de tareas de lectura, el uso de autoinstrucciones y el establecimiento de rutinas.

Respecto a la memoria se pueden realizar una serie de actividades de estimulación y de evocación, utilizando ayudas semánticas o fonéticas. También es importante que se entrene el uso de ayudas externas y estrategias mnemotécnicas, que puede aliviar la tensión que sufre la paciente cuando es consciente de sus propios déficits. Se considera fundamental estimular la memoria operativa. Para ello, la rehabilitación se puede centrar en el entrenamiento en la consecución de objetivos y en el sobreaprendizaje para automatizar habilidades y que se reduzca la carga de la memoria de trabajo en la paciente.

Para trabajar las funciones ejecutivas se podría poner a la paciente actividades que puedan surgirle en la vida diaria, para que tenga que planificar, dar prioridad y resolver por sí misma los problemas. Se deberá ir aumentando la dificultad a medida que se van superando los retos propuestos.

En cuanto al estado emocional, se continua con la terapia psicológica orientada a trabajar las emociones (identificación, gestión…) y la motivación para aumentar las relaciones sociales y las actividades de ocio.

Además, se emplea un plan de entrenamiento cognitivo computarizado para su aplicación en el hogar. El objetivo de este entrenamiento es mejorar las funciones ejecutivas, aumentar el rendimiento en medidas de flexibilidad cognitiva, velocidad de procesamiento y fluidez verbal, como han evidenciado estudios científicos [22].

Por último, la combinación del entrenamiento cognitivo con la aportación de un manual en el que se reflejen las instrucciones para la aplicación de este entrenamiento en las actividades en la vida diaria, podría ayudar a la generalización y la integración de la paciente [22].

6. Discusión

Del análisis de los resultados se encuentra que la paciente presenta problemas de memoria, de atención y velocidad de procesamiento. Los resultados del SDMT se relacionan con los del Trail Making Test, dando puntuaciones muy bajas. En el D2 aunque no se observa un déficit claro, sí que las puntuaciones, sobre todo la de concentración, son bajas y presenta bastantes errores en la ejecución, resaltando principalmente los de comisión.

Teniendo en cuenta los resultados expuestos, se puede concluir que las puntuaciones alteradas obtenidas en memoria, pueden estar relacionadas con el gran déficit atencional que repercute en la ejecución de todas las tareas y con el déficit en la velocidad de procesamiento. Además, es conveniente tener en cuenta el grado grave de depresión en el que se encuentra la paciente, que también puede estar repercutiendo en la ejecución de las mismas.

A pesar de que los resultados no muestran grandes déficits en funciones ejecutivas, sí se plantea trabajarlas, con el programa de rehabilitación, por las quejas que presenta la paciente. Sería recomendable pasar algún otro test de funciones ejecutivas para observar el comportamiento de la misma y obtener unos resultados más claros.

La principal novedad y fortaleza del presente estudio es la concreción en el tipo de cáncer y la asociación entre cáncer y déficits neuropsicológicos.

Para futuros estudios, se recomienda pasar un pre-test o un post-test para valorar antes de darse el tratamiento oncológico y un post-test también después de la intervención neuropsicológica. Además, para dar un valor añadido al tema, se podrían utilizar técnicas de neuroimagen. También se considera de interés, que se amplíe el estudio a otros tipos de cáncer y que en el caso del cáncer de mama, también se estudie las consecuencias que tiene el tratamiento en casos de hombres, ya que la incidencia de la enfermedad en este género también va en aumento.

7. Referencias

1.Sociedad Española de Oncología Médica (SEOM). Monográfico SEOM de Largos Supervivientes en Cáncer. 1° parte. Madrid: La Agencia Comunicación en Salud; 2012.

2. López-Santiago S, Cruzado JA, Feliú J. Chemobrain: revisión de estudios que evalúan el deterioro cognitivo de supervivientes de cáncer tratados con quimioterapia. Psicooncología 2011; 8 (2-3): 265-280.

3. McDonald BC, Saykin AJ. Neurocognitive Dimensions of Breast Cancer and Its Treatment. Neuropsychopharmacology 2011; 36: 355-374.

4. Chiclana G, Ferre Navarrete F, Lopez-Tarruella S, et al.Chemobrain: ¿podemos hablar de un daño cerebral adquirido por quimioterapia? Trauma Fund MAPFRE 2014; 25(3): 143-149.

5. Gokal K, Munir F, Wallis D, et al. Can physical activity help to maintain cognitive functioning and psychosocial well-being among breast cancer patients treated with chemotherapy? A randomised controlled trial: study protocol. BMC Public Health 2015; 15: 414.

6. Robert Zachariae R, Mehlsen MY. Is chemotherapy associated with cognitive impairment? Rev Urol 2011; 8: 182-183.

7. Reid-Arndt SA, Hsieh C, Perry MC.Neuropsychological Functioning and Quality of Life During the First Year after Completing Chemotherapy for Breast Cancer. Psichooncology 2010; 19(5): 535-544.

8. Vardy J. Neurocognitive effects of chemotherapy in adults. Aust Prescr 2008; 31: 22-24.

9. Gómez-Cruz M. Déficits neuropsicológicos asociados a alteraciones cerebrales secundarias a tratamientos oncológicos. Psicooncología 2011; 8 (2-3): 215-229.

10. Rubio B, Sirgo A, Forcadell E, et al. Deterioro cognitivo inducido por los tratamientos oncológicos sistémicos en el cáncer de mama no metastático: revisión de estudios. Psicooncología 2009; 6(1): 83-120.

11. Andreotti C, Root JC, Ahles TA, et al. Cancer, coping, and cogonition: a model for the role of stress reactivity in cancer-related cognitive decline. Psyco-Oncology 2015; 24: 617-623.

12. Janelsins, MC, Kesler SR, Ahles, TA, et al. Prevalence, mechanisms, and management of cancer-related cognitive impairment. Rev Psychiatry 2014; 26(1): 102-113.

13. Gil M, Portellano JA. Evaluación neuropsicológica de la alexitimia y del procesamiento emocional en pacientes oncológicos. Psicooncología 2005; 2(1): 33-48.

14. Tirapu J, Ríos M, Maestú F. Manual de Neuropsicología. 2ª Edición. Barcelona: Viguera Editores, S.L.; 2011.

15. Winograd E. Some observations on prospective memory. In Gruneberg MM, Morris PE, Sykes RN, eds. Practical aspects of memory: current research and issues. Chichester, UK: Wiley; 1988.

16. Ben Yishay Y, Piasetsky E, Rattok J. Asystematic method of ameliorating disorders in basic attention. In Meier MJ, Benton AL, Diller L, eds. Neuropsychological rehabilitation. New York: Guilford Press; 1987.

17. Sánchez-Cubillo I, Periáñez J.A, Adrover-Roig D, Rodríguez-Sánchez J.M, Ríos-Lago M, Tirapu J, Barceló F. Construct validity of the Trail Making Test: Role of task-switching, working memory, inhibition/interference control, and visuomotor abilities. JINS 2009; 15: 438-450.

18. Smith A. The symbol-digit modalities test: A neuropsychologic test of learning and other cerebral disorders. In Helmuth J, ed. Learning disorders. Seattle: Special child publications, 1968; 83-91.

19. Wood RL. Rehabilitation of patients with disorders of attention. J Head Trauma Rehabil 1986; 3: 43-53.

20. Beck A.T, Steer R.A, Brown G.K. Manual for the Beck Depression Inventory-II. San Antonio, TX: Psychological Corporation; 1996.

21. Munir F, Kalawsky K, Lawrence C, Yarker J, Haslam C, & Ahmed S. Cognitive intervention for breast cancer patients undergoing adjuvant chemotherapy: a needs analysis. Cancer nursing 2011; 34: 385-392.

22. Kesler S, Hosseini SH, Heckler C, Janelsins M, Palesh O, Mustian K, & Morrow G. Cognitive training for improving executive function in chemotherapy-treated breast cancer survivors. Clinical breast cancer 2013; 13(4), 299-306.

Agustín Ernesto Martínez González (Coordinador)

Made in the USA
San Bernardino, CA
12 January 2020